The Day After
The Dollar Crashes

不懂美元，
还敢谈经济

洞悉美元趋势，玩转投资游戏

（美）达蒙·维克斯（Damon Vickers） 著

刘寅龙 译

深圳出版发行集团
海天出版社

图书在版编目 (CIP) 数据

不懂美元，还敢谈经济 / (美) 维克斯著；刘寅龙译 . -- 深圳：
海天出版社，2012.3
ISBN 978-7-5507-0347-6

Ⅰ . ①不… Ⅱ . ①维… ②刘… Ⅲ . ①投资－基本知识 Ⅳ . ① F830.59

中国版本图书馆 CIP 数据核字 (2012) 第 006778 号

版权登记号 图字：19-2011-100 号

不懂美元，还敢谈经济 (BUDONG MEIYUAN HAIGANTAN JINGJI)
海天出版社出版发行
（地址：深圳市彩田南路海天大厦 518033）
http://www.htph.com.cn
订购电话：0755-25970306，83460397

出 品 人：尹昌龙
执行策划：桂 林 黄 河
责任编辑：许全军
责任技编：梁立新
特约编辑：谭 伦
版式设计：罗志宗
封面设计：红杉林文化 谈志佳

深圳市希望印务有限公司印刷 海天出版社经销
2012 年 3 月第 1 版 2012 年 3 月第 1 次印刷
开 本：787mm × 1092mm 1/16 印张：14
字 数：180 千字
定 价：38.00 元

To all my friends in China -
Your nation has seen such great change.
You are to be acknowledged with respect
of your country's history and accomplishments.
In the years ahead, all nations will be
Called to work closer. May our children's,
children's, children look back at us today
with gratitude for all the choices we
made together to secure their wellbeing
and happiness.

xie xie

亲爱的中国朋友们：

　　中国这些年来的巨大变化有目共睹。而对于贵国的悠久历史与文明成就，我也心怀敬仰。

　　举目未来，世界需要寰宇各国更加紧密的合作。希望我们的子孙在回望这个时代的时候，会因我们携手守卫过他们的福祉而心怀感激。

　　谢谢！

达蒙·维克斯

作者简介

美国知名商业投资权威
达蒙·维克斯

达蒙·维克斯（Damon Vickers），九点资产管理及研究公司（Nine Points Management & Research）执行董事，该公司是一家位于华盛顿州西雅图市的投资公司。

2000年以来，达蒙·维克斯曾三次准确预测市场高点：

互联网泡沫；

不动产泡沫；

2008年金融危机，达蒙·维克斯发起的一只私募基金升值63%。

在20世纪90年代，达蒙·维克斯和他的客户成为星巴克咖啡、思科系统以及亚马逊网站等潜力股的第一批投资者。达蒙·维克斯先生的投资策略可以归纳为"让资本沿循社会变革之路"，这是他在20世纪90年代初回答记者提问时作出的归纳，这句话深刻反映了他的选股策略。

达蒙·维克斯经常做客"格兰·贝克谈话""彭博商业""福克斯商业"，加拿大"BNN"等著名财经电视栏目。达蒙·维克斯先生的观点还经常被《华尔街日报》、《华盛顿邮报》以及其他知名报刊所引用。达蒙·维克斯先生从不以哗众取宠的言辞吸引眼球，也从不通过媒体记者制造爆炸性新闻或是掀起业界恐慌，直言不讳是他一贯的作风。

2008 年，他在亚洲 CNBC 上一次坦率的演讲，让他牢牢抓住了国内外金融界的注意力。他在演说中预言美元即将遭遇贬值，而他对"新型政府"和"新世界秩序"的设想更是让很多人大跌眼镜，因为当时还没有任何人有过他这样的想法和思维。

但随后希腊等国爆发的债务危机，以及美元的持续贬值和黄金价格的节节攀升，让他先前的观点显得掷地有声。现在，人们都已经开始认真倾听他的声音了。

本书详细阐述了达蒙·维克斯先生对未来世界发展方向的预见和看法，更重要的是，它还告诉我们：人类将如何生存下去，以及如何在即将到来的变革大潮中继续发展。

达蒙·维克斯先生现在居住并工作于华盛顿州西雅图市，他喜欢太平洋西北海岸的闲逸生活，酷爱收集西藏艺术品。此外，他还在著名投资博客及提供金融市场资料的网站 www.damonvickers.com 担任主编。

权威推荐

《纽约时报》畅销书作者
马丁·韦斯（Martin D. Weiss）

这是一本每个人都应该读的书，尤其是那些依旧相信我们的政府能解决当前所有债务问题的人——无限期推迟清算日并且在未来几年可能变本加厉。

Tice Capital LLC 公司总裁
大卫·泰斯（David Tice）

这本书有力地鞭笞了那些政客、媒体及金融界试图维持现状而编造的种种幻觉。所以，早在多年以前，达蒙和我就已经认识到这将会带来极为严重的后果，但从未想过会发展到如此严重的地步。本书给我们带来了太多不愿思考和为之去准备的东西，对每个想要在当前经济不稳定的情况下谋求生存与发展的人来说，本书属于必读之作。

畅销书《海龟交易特训班》（*The Complete TurtleTrader*）**作者**
迈克尔·柯弗（Michael W.Covel）

达蒙·维克斯希望你能为无法预见的未来做好准备，你准备好了吗？如果没有，该是清醒的时候了。

著名期货基金管理人
埃德·塞柯塔（Ed Seykota）

　　达蒙·维克斯以独有的直言不讳和言简意赅的风格阐述了事实，并凭借简洁明了和一针见血的语言，为我们实现个人生存与发展提供了大量现实可行的建议，并为我们适应潮流并创建一个新的全球可持续性社会制订好了规划。

艾略特波浪国际公司（Elliott Wave International）**总裁兼资深市场分析师**
罗伯特·普莱切特（Robert Prechter）

　　尽管我们对于解决问题的办法存在分歧，但我承认，维克斯极富说服力的警示仍然比很多"一切良好"的陈词滥调深刻得多。

福克斯新闻频道最受欢迎的政治评论主持人
格林·贝克（Glenn Beck）

　　他是唯一能深刻全面认识当前经济现状并拥有将这一认识公之于众的胆量的人，抑或可以说，这是一种疯狂之举。

目 录
Contents

第1章　深陷危机的蓝色星球　　17

我们正处在一个充满变数和不可预知的时刻。我们的生活方式已经不可持续。我们及其追随者的经济正在一步步地走向末日，几乎已不可偿还的债务正在将我们慢慢拉进死亡的漩涡。

第2章　昨天，该结束了　　51

任何让我们在困境中站起来的尝试都是一种成功。我们的历史中从不缺少被对手击倒之后再爬起来的经历，我希望我们今天能够重复这样的历史。我坚信我们能从我们为自己挖掘的洞穴中爬出来。

第3章　经济危机之真伪面具　67

一场全球性的经济动荡已经不可避免。西方国家目前的债务水平已经到了不可持续的境地。这场经济震荡将撼动统治当前世界经济的秩序，进而促成一场全球性的经济和社会重建大潮。

第4章　"新世界秩序"的忧思　83

我们必须意识到，我们所拒绝的东西已经摆在我们面前，这是不可逆转的现实。越是拒绝这些变化，我们的挣扎就会变得越来越艰难；越是担心自己缺少的东西，我们缺少的东西就会越多。

第 8 章　新世界的生态链　167

　　我们的生态系统完全是相互依赖的，我们没有权利去破坏这个体系。我们应该记住，我们必须保证自己能够与环境和谐相处，我们也必须保证每个人都能够融入这个系统之中。

第 9 章　未来决定于消费者　181

　　消费者的力量显然不止于只影响到哪些企业将成为未来几十年的宠儿，它还将影响到我们的生活方式，它所影响的社会行为变化将涉及我们生活的方方面面。也就是说，消费者决定了我们的未来。

第 10 章 迎接"下一个大事件" 201

　　我们正在目睹一场全球变革的开始，这场变革在此前几千年甚至更长时间内都是绝无仅有的。我不得不认为，我们正处在一场巨变的边缘，这场变革将彻底改变整个人类和地球的未来。

前 言

迎接"新世界秩序"

感谢你挑选这本书。这对我来说意义重大，因为这意味着我可以把自己的想法与各位分享。我更希望你能把本书的观点与朋友共同分享，共同讨论。

我们正走在十字路口。全球经济的稳定性已陷于危机，整个地球的生态系统正在遭受攻击，我们的健康正在不断恶化。西方社会的生活方式已经绝对不可持续。我们的时间已经为数不多。无论我们是否愿意接受，也不管我们是否已经做好准备，巨变已经来临。而我送给你的礼物就是这本书，它将帮助你为这场变革做好准备，适应这场变革，并受益于这场巨变的到来及其造就的新世界秩序。

在这里，我们将看到一份美元暴跌以及随后全球市场崩盘的假想时间表。我将在本书中阐述，"新世界秩序"将在未来10年浮出水面，并探讨这种新秩序对国家的治理方式、企业的交易模式、资源的管理手段和我们作为个人如何关爱自己以及给这个星球将带来哪些影响。

在支持这种不可规避的发展趋势的同时，我们首先探讨了一些将对某些不可持续并对地球健康及其所有生命具有破坏性影响的行业、体系和生活方式。在这个过程中，我针对当前投资者对这种变革可能做出的阻挠和拒绝进行了剖析。阻力永远是不可避免的。

此外，我还揭示了几个行业将出现的社会趋势，只要社会行为做出相应调整，这些趋势必将给企业带来新的需求，并推动这些企业适应潮流，融入下一轮大发展。

这显然不是我第一次给投资者指出驾驭时代的投资成功之路，在我以往的职业经历中不乏这样的故事。我的父辈曾从事金融服务业，我的投资生涯也已超过25年。至于我本人、我的父亲、我的祖父母还有我的家庭，投资股票市场的累积时间已经超过160年。可以说，我深谙风险管理和理性投资的精髓。

但我依旧认为，正是这种极端反常的成长经历，才为我面对当今不寻常的挑战做好了一切准备。这也是我坚信我是撰写这本书最合适人选的原因。

我出身于一个极端富有的家庭，但我的幼年还是在贫穷中度过，并在奥迪亚（Odiyan）的一个佛学院中度过了自己的少年时光。我深知财富的社会责任、茫然未知的痛苦以及万物归一的真理。

我学会了同情被生活所困者，尊敬勇敢面对挑战的人。我的精神修炼赋予我在心理上的自律性与客观性，它让我看透媒体带给我们的假象，识别背后的真理，抓住市场赐给我们的机会。

我的职业生涯也曾起起落落，但年轻时经历的艰难与困苦让我能在未知的困境中保持冷静与豁达。今天的世界正在飞速变化。我的一生似乎都在教导我：一定要独立思考，坚定信念，即便是它已经落伍或是脱离很多人笃信不已的传统思维，我依然不能动摇。

现实就在我们面前：全球经济形势并不乐观。我们正处在十字路口，唯有以新的思路，才能引导我们走向繁荣。而本书的目的，就是帮助你实现这个愿望。

当前的经济氛围以及环境的加剧恶化让我们即将作出的决策和选择显得更加至关重要。无论怎样强调其严重性都不为过。我们的经济和环境已经岌岌可危。我们的生活以及我们的孩子的生活都面临威胁。拒绝行动并让别人为我们打理一切事务的时代已经一去不复返了。现在是我们出手行动的时候了，在进入"新世界秩序"之时，我们每个人都应打起精神，做出做更有责任感的抉择。

　　亲爱的朋友们，这就是我们即将面对的"下一轮大潮"。

第1章
深陷危机的蓝色星球

我们正处在一个充满变数和不可预知的时刻。我们的生活方式已经不可持续。我们及其追随者的经济正在一步步地走向末日，几乎已不可偿还的债务正在将我们慢慢拉进死亡的漩涡。

我们正处在一个充满变数和不可预知的时刻。无论是在国内、国际还是全球层次，我们的生活方式都是绝对不可持续的，这个趋势是无条件，更是无法逆转的。美国及其追随者的经济正在一步步地走向末日，几乎已不可偿还的债务正在将他们慢慢拉进死亡的漩涡。

全球经济在绝望中挣扎，我们也用伤痕累累与血流不止的脚趾在悬崖峭壁冰冷湿滑的岩石上拼命挣扎，试图在彻底坠入深渊之前找到一点点可以立足之地，但这一切似乎已经无济于事。

我们需要一根救命稻草，否则我们将死无葬身之地。

作为一个国家，美国已经享受了几十年经济增长带来的快乐，但我们的经济却在这个过程中耗尽精力。尤其是在过去的 10 年里，我们终于开始体会到害人终害己的后果。挥霍无度的生活和我们对这个星球肆无忌惮的糟蹋，终于酿成无法挽回的灾难，而承受这场灾难的不仅仅只有我们，而是整个世界。

同样是作为一个国家，美国已经无法再自欺欺人，更不会让这个世界再天真地以为，一切都平安无事。因为一切都已不再平安，一切都在面对危机。我们对美国正在面临的诸多危机归纳如下，而所有这些危机都正在让美元承受着难以承受的重压。

今天，美国面对 65 万亿美元的净债务，已无法自拔。
今天，美国每年需要进口价值 8 000 亿美元的石油。

今天，美国与世界其他地区的工资差异已经让美国无力参与全球竞争，我们正在把越来越多的就业机会和曾经拥有的经济优势，拱手让给新兴市场国家。

今天，我们正背负着无法偿还给中国的债务，这无疑给已经水深火热的美国经济火上浇油。

今天，我们的政府要为越来越多的社保和医保权益计划埋单。

今天，我们正在破坏自己的生命支撑体系，毒害我们的后代。

今天，我们正在耗尽自己的农田，让美国成为食品的净进口国。我们曾是世界的大粮仓，但现在我们已经无力养活自己。

今天，我们生产的粮食充斥着毒素与激素，它们干扰了我们的内分泌系统，侵害着我们的身体，导致包括我们人类在内的诸多物种遭受越来越多的生育疾病及癌症。

我们将对这些问题逐一进行探讨，但归根到底，它们融合到一起，将让美元一步步地逼近崩溃。

面对如此之多的严峻挑战，我们很容易陷入无助和绝望。但如此之多的变迁也成就了难得一遇的机缘。而这才是需要我们关注的角度。

国民生产总值的骗局

过度负债如同瘟疫，正在让我们的未来无法存续。今天，美国为自己积累起 65 万亿美元的净债务而无法自拔。如果你把每 1 美元代表一家公司的一股普通股，那么，我们就可以认为，美国在功能上已经名存实亡，只不过美联储和政府还在自欺欺人地欺骗他的股东，也就是作为纳税人的你。

作为一个国家，我们已经不能持续经营。我们的油箱已经无油可加；我们已无力让自己保持健康；我们不再生产真正有价值的东西、商品或是服务，也并没有赚到真正的财富；我们不再出口；我们没有创造足够的收入；但政府煞费苦心杜撰出来的统计报告，却在讲述着一个完全不同的故事，唯一的目的无非是为了维系下一轮的债券拍卖。

用国民生产总值来衡量美国经济的健康度，一直是美国经济领导者的"优良"传统。我们的经济领导者每个季度都要盯着这些数字，我们的总统在每次国会会议上都要费尽口舌地罗列这些数字。

国民生产总值讲述着经济增长的故事，每个人对此都信以为真。有人告诉我们，只要我们的国民生产总值还能达到这样那样的水平，我们的经济便平安无事。只要经济还在增长，我们就可以信心百倍地认为美国依旧万事如意。有人告诉我们，经济增长注定会把我们从水深火热的债务危机中打捞出来。有人告诉我们，如果统计数字说美国依旧强大，欧洲依旧强大，那么，我们就没什么值得担心的。

这种言论传播了很久，以至于人们对它不再有任何质疑。但每个记者、统计师和政治家都知道，这些数字一直遭受着各种各样的人为篡改，稍加操纵便可变成我们喜欢的任何故事。但并非每个人都知道的是，这些数字已经残缺不全，漏洞百出。

国民生产总值衡量了一国或地区内部所有企业和劳动力创造的总产量。但它不包括美国居民在海外工作赚得的收入，因此，它不能反映本国企业在海外经营创造的收入。但它包括边境贸易以及本国企业之间的全部交易，并把这些交易视为产品销售。但这显然并不是国内生产的真实图景。

边境贸易根本就不是真正的产品。任何零售商都会告诉你，把一件商品从一个柜台挪到另一个柜台，并不意味着它已作为销售商品离开商店。我们对国民生产总值如此关注，似乎它能代表我们这个国家的经济是否健康，是否可持续，而事实却是：这些数字告诉我们的完全是一个被人为扭曲的故事。

　　我们的国民生产总值并不能说明出口的真实状况，它们只不过是一场由内部人操纵的骗局，在这场骗局中，美国的炼油厂把油料卖给美国的制造商，后者再转卖给美国的消费者。事实上，这不过是左手换右手的自我交易。在这个过程中，没有任何新钱流进美国。即便如此，ShadowStats 提供的图 1.1 依然能告诉我们，国民生产总值在过去几十年里始终处于持续下跌状态。最有趣的是，图中上方的曲线为官方统计数字，下方的曲线则包含了被政府忽略的某些因素，因而反映了较为精确的统计数据。

截至 2010 年第二季度的年变化率

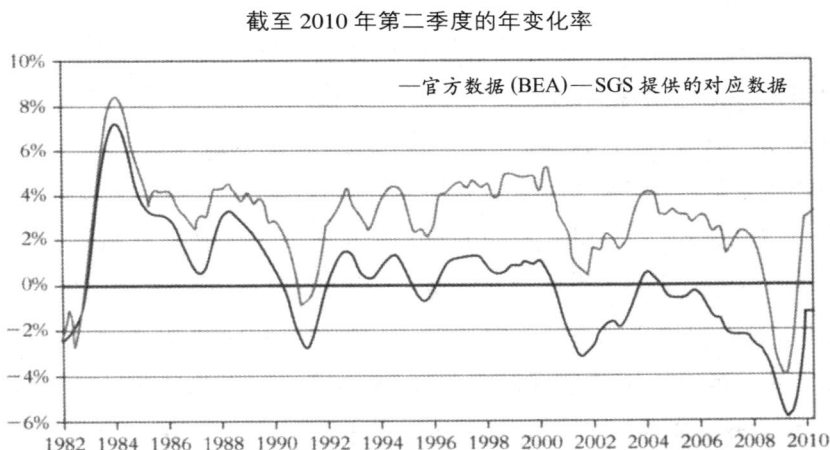

图 1.1　GDP 年增长率——官方数据及瑞士通用公证行（SGS）提供的数据

资料来源：图表来自 ShadowStats.com

数据来源：SGS, BEA

　　对任何国家来说，真实的经济能力均应建立在销售产品、服务以及与其他国家交易所赚取利润的基础之上。这也是美国以往最习惯和擅长做的事情。回顾 18～19 世纪的美国，那是一个经济快速增长并充满生机与活力的时代。实际上，真正的商人和消费者是欧洲人，而美国则是名副其实的受益人。欧洲人先用光自己的木材，然后又耗尽加勒比地区的木材，而后，美国人开始向欧洲出口自己的木材。那时，木材就是美国的国民生产总值，于是，我们砍倒自己的所有大树，再把它们运到欧洲，现在，我们自己也没有木材可用了。美国 97% 的森林已被砍伐殆尽，木材公司的目的就是占有最后这 3% 的仅存资源。

此外，我们的进口从建筑设备到蜂王浆（当然最多的莫过于石油），几乎无所不包，这让美国背负了巨大的国债。目前，美国每年需进口价值高达 8 000 亿美元的石油，这全部是美国人从自己腰包里掏出来的真金白银。

衡量一个国家财富的唯一标准就是出口额。但不幸的是，美国出口最多的却是债务以及表现为形形色色衍生金融品和国库券的口头支票。就出口而言，我们唯一看到的，就是因进口大于出口而带来的越来越严重的贸易失衡。

在过去的 20 年里，我们的贸易失衡一直在负数方向持续增长。表 1.1 为根据美国普查局对外贸易司提供的对几个制造业进行的汇总数据，这个表格足以告诉我们，美国的对外贸易发展失衡有多么严重。

美国的部分国债是意料之中的。除了美国已经欠下的 13 万亿或 14 万亿美元债务之外，现有社会权益计划尚有 60 万亿到 80 万亿美元的资金缺口，另有针对新权益计划所作出的 40 万亿到 50 万亿美元承诺。

美国根本就没有钱来支付这些权益计划。这些权益计划原本就不存在，因为我们已经负债累累。根据 ShadowStats 的统计，美国当前的失业率在 16% 到 20% 之间，而官方报告的失业率却只有 9%。这意味着 20% 的美国人没有工作，自然也就不能向财政部纳税。如果我们既不能让这些人重新回到工作岗位，也不能增税，这就相当于正在萎缩的税基还将继续缩小。也就是说，我们还没有为这些权益计划找到适当的资金来源。因此，我们根本就不可能说服其他国

表 1.1　几个制造业部门的出口情况

进　口	出　口	进/出口在 20 年期间的变化（美元）
计算机与电子产品制造业		
2009 年，该板块的总进口额约为 1989 年进口额的 4 倍。其中，来自中国的进口在这 20 年间增加了近 90 倍，进口比例从不到 2% 增加到接近 40%。此外，来自墨西哥和马来西亚的进口也分别增加 7 倍和 5 倍，而日本进口则减少了 40% 左右。	对中国的出口约增加 14 倍，对加拿大和墨西哥的出口分别增加 3.5 倍和 3 倍，而对英国和德国的出口基本维持不变。	-105 984 506 807
电子设备、器具及元器件制造业		
与上述情况基本相同。在过去的 20 年间，来自中国的进口增长了 30 倍，而来自日本的进口则下降了 21%。	对中国、加拿大和墨西哥的出口分别增长了 14 倍、3.5 倍和 3 倍，对英国和德国的出口基本维持不变。	-24 642 288 144
运输设备制造业		
除加拿大和日本之外，墨西哥已成为运输设备领域的最大进口国之一，对美国的进口额已从 20 年前的 5% 增加到目前的 20%。在同一时期，加拿大和日本的对美出口份额则分别减少了 10% 和 15%。	最大的份额依旧属于中国，其对美国商品的需求自 1989 年以来已增加约 10 倍。墨西哥的需求增加 4 倍，加拿大的需求增加 30%。同样，美国对英国和德国的出口基本维持不变。	-14 837 319 678

家购买美国国债以帮助我们履行这些义务。

这是一个关键性时刻。在金融市场日趋复杂、老龄化人口迅速增加以及"婴儿潮"一代即将退休的情况下，我们将会看到，美国注定要在某些方面付出代价。而最有可能的结果就是，那些原本指望享受权益计划的人或许一生都等不到这一天。或者即便等到那一天，也会比他们想象的大打折扣，而且拿到手的也只是贬值的美元。

2009 年，美国政府向 770 万人支付了总计达 460 亿美元的"社会保险"福利金，此数字包括存在身体、心理疾病或残疾的非退休人员。而这些福利接受者的社保付款占据其全部申报收入的一半以上。

根据社会保险理事会 2004 年的年度报告估计，进入社保基金的资金额将从 2009 年起开始减少，到 2018 年，该社保权益计划的成本将超过美国的所得税收入。该报告还指出，到那个时候，社会保险理事会将动用约 2.3 万亿美元（按 2004 年美元计算）的累积信托基金资产，以资金增加税收收入，只有这样，才能按计划全额支付福利金。

表 1.2 显示出目前社会保险福利计划的资金来源情况以及该计划预期出现资金亏空的时间。这些估计数字对四家大型信托基金进行了跟踪，并以美国社保局经济研究办公室在 2003 年进行的预测为基础。

按照假设，我们从社保基金中拿出的钱应等于我们向社保体系缴纳的钱，或者说，有人先于我们之前向社保基金缴纳了资金。很多人觉得我们已经赚到了这笔钱，但事实却不尽然。就个人而言，只要我们辛勤工作，按时纳税，那么，当我们无力继续工作并继续纳税的时候，就应该有资格享受一点这样的帮助，但我们现在已开始认识到，就整个社会而言，不管我们是否曾经努力工作过，或者没有工作，都有资格享受这样的待遇。

目前在美国当权的一代人从来就不曾担心丧失这些安全网的未来会是什么样子。因此，我们自然也不会对它们给予适当的尊重，

表 1.2　按《2002 年社保基金理事会报告》预测的信托基金到期日

模　型　　随机模式	短区段	中间区段	长区段
CBOLT	2028	2037	2063
TL	2029	2037	2056
SSASIM	a	2037/2038	a
OCACT	2034	2041	2057
标准模式（理事会报告）	2029	2041	b

注释：短区段、中间区段和长区段分别相当于第 10、第 50 和第 80 个等分位点。对于《社保基金理事会报告》，这三个区段相当于《2002 年社保基金理事会报告》中的低成本、中等成本和高成本假设。

① SSASM 仅对两个随机变量建模，即生产效率和生育率，因此，不应将该模型的结果范围与其他随机模型比较。

② 根据《2002 年社保基金理事会报告》中的低成本假设，社保基金在 75 年内不会告罄。

更谈不上正确理解它们。我们从来就没认真考虑过，如果没有了这些安全网，美国将如何熬过未来的艰难岁月，因此，我们当中的很多人根本就没做其他安排，这显然是不对的，因为当前整个美国显然还没做好应对"婴儿潮"一代即将退休以及总体人口老龄化的准备。

　　这已经是一种不可持续的局面。**而现在，我们又在这些负担上给自己添加了一项新的责任：奥巴马的"医疗新政"。**这显然是一个让我们无法摆脱的梦魇。这个国家的医疗保险已变成一笔不菲的开支。如果不断然采取措施，这个预计于 2014 年启动的计划将让我们寸步难行。

什么是吞噬未来几代人的庞然怪物

美国人的熟视无睹和麻木不仁已经到了无法容忍的地步。美国拥有一个庞大的"婴儿潮"一代，他们正在慢慢变老，他们的社会保险福利和医疗保险福利已经让美国财政部不堪重负。而我们唯一可以预期的，就是随着这个人群越来越老，他们要求的医疗保险也越来越多。要了解这些需求将如何耗尽美国的财力，我们有必要首先了解一下美国人口的动态。

老龄人口（达到或超过65岁）从2000年的3 500万人增加到2010年的4 000万人，增加幅度为15%，在截至2020年的未来10年内，这一年龄群体预计将再增加36%，达到5 500万人（见图1.2和表1.3）。

此外，我们正在看到，人口的平均寿命也在不断延长。达到或超过85岁的人口自2000年以来已经增长了36%，并在未来10年预计将继续增长15%，从2010年的570万人增加到2020年的660万人。

百万

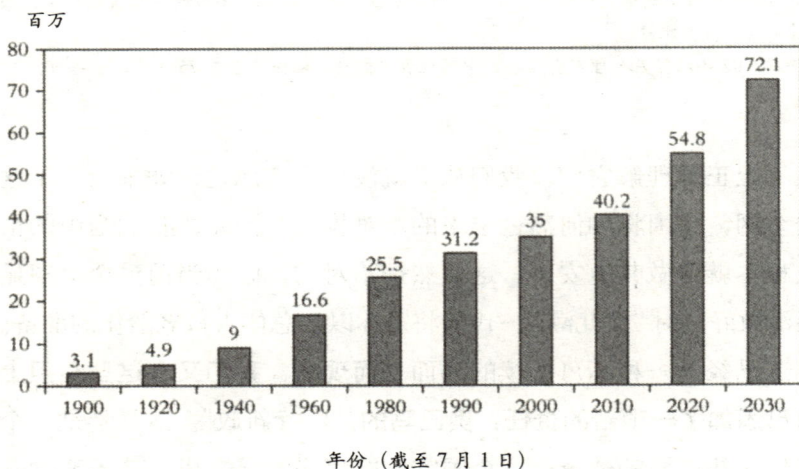

年份（截至7月1日）

图1.2 2030年达到65岁的人口数量

资料来源：美国统计局人口办公室

26

表 1.3　达到 60 岁的人口数量

年龄组	1990	2000	2000 ~ 2009
达到 60 岁及以上	11.9%	12.8%	18.0%
达到 65 岁及以上	8.0%	8.5%	12.9%
达到 85 岁及以上	1.5%	1.2%	1.8%

资料来源：美国统计局人口办公室

根据统计数据，截至 2009 年，达到 65 岁及以上的人口约占美国总人口的 33%。这个数字已经非比寻常。

在美国统计局提供的图 1.3 中，我们可以看到，这种人口结构

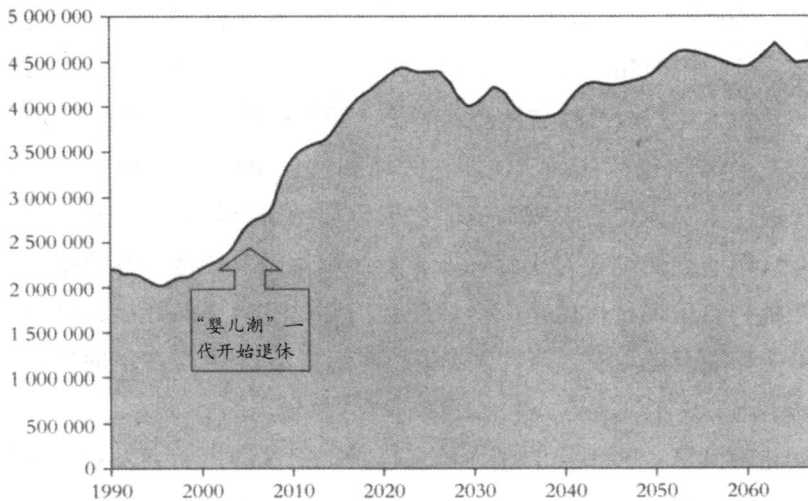

图 1.3　在 2008 年开始退休的"婴儿潮"一代

注释：在未来 20 年，每年退休的"婴儿潮"一代人数都将增加 60%。

资料来源：美国统计局

的变化趋势与老龄化相关的社会成本正在让我们愈发地感到，我们已经把自己和子女的未来变成为维持社保系统和医保系统的人质，因此才造就了另一个巨大的庞氏骗局，让伯纳德·麦道夫（Bernard Madoff）的伎俩几乎不费吹灰之力便可像旋转木马一样再次得逞。

虽然我不是政治家，但我还可以分析政治。只要预测一下"奥氏医疗新政"给这个原本已负债累累的体系带来的额外成本，我们便可轻而易举地发现，如果这一体系继续存在下去的话，相当于我们给自己制造了一个即将吞掉未来几代人的庞然怪物。

美国并不是唯一存在这个问题的国家。人口对加拿大以及法国、希腊、西班牙、葡萄牙、意大利和其他欧洲国家同样影响重大。和美国一样，他们都属于人口老龄化的成熟经济体。同样和美国一样的是，他们都需要满足人口老龄化带来的社会需求。

根据经济与社会事务局的资料，在过去的 50 年里，全球超过 60 岁人口的数量已翻了三番，并将在 2050 年再翻三番（见图 1.4）。到那时，60 岁人口数量超过 1 000 万的国家将达到 33 个。而中国、印度、美国、巴西和印度尼西亚超过 60 岁的人口数量将超过 5 000 万。

显然，这些成熟经济体必须满足老龄人口增长带来的社会需求。这些社会需求包括食品、住所、医疗和就业岗位，在这种情况下，很多退休人员或许会发现，他们依旧需要给家庭填补一些收入。这些人口理所当然地会对生活标准、生活质量以及让他们笃信不已的社会福利有所期待。但是，当他们意识到这些所谓的社会福利计划并不能如期而至，或者是被告知退休年龄将延长至 70 岁的时候，愤怒与不满肯定不可避免。

随着满足这些预期的压力越来越大，很多国家将会发现，他们的可选择空间正在越来越小。他们可以选择的方案包括发动战争从其他国家掠取更多的资源，通过削减福利开支减少未来福利的预期，通过计划生育政策应对人口过多以及食物和就业机会不足的问题。第一种方案可能是灾难性的，第二种方案同样有可能会造成悲剧性结果，而第三种方案往往是亡羊补牢之举，因为计划生育政策只能减少劳动力人口，并导致财政纳税人口和财政消耗人口的比率进一步失调。

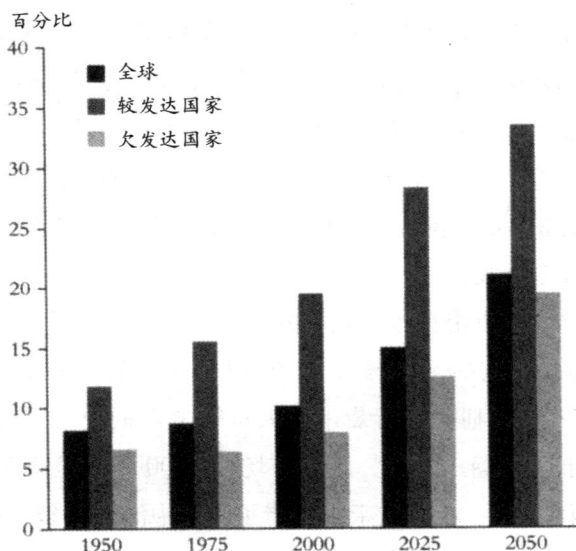

图 1.4　达到或超过 60 岁人口的比例（1950～2050）

资料来源：美国经济与社会事务局

美联储除了印钞票外，还会干什么

整个世界都因债务而倍感窒息。每个月，美国都要通过拍卖债券而为我们的生活方式筹集资金。但问题是，这个世界对我们的债券根本就没有那么多的需求。在中国和其他国家在近期的债券拍卖中犹豫不决的时候，美联储的对策就是印刷更多的钞票，然后再由美国政府拿着这些钱去购买自己发行的债券。在这种情况下，我们等于是在告诉世界，美国债券拍卖的超额认购比例已经达到 2:1。

这显然是弥天大谎！它让我们显得无能为力。印刷钞票就是我们解决其他国家对美国有价证券丧失信心的答案。我们印刷自己的钞票用来购买自己的票据，因为没有人愿意参与这种自欺欺人的游戏。这种自我交易绝对是不可持续的，这样的交易无异于饮鸩止渴。

这笔钱到底会有多少呢？我们很难准确估计美联储到底印刷了多少钞票。政府以 M3 作为跟踪货币供给的标准。通过这个 M3 的波动，我们可以对输入经济体的货币供应量做出非常准确的考量。但美联储一直在通过印刷钞票和调整利率来操纵货币供给，长此以往，以至于这些货币工具不再有效。实际上，早在 2006 年 3 月，美联储就开始停止公布 M3。我认为，从那以后，美联储自己也不清楚这个系统里到底有多少钱。

但美联储发行货币和控制利率的做法并不新鲜。根据《金钱主人》（*The Money Masters*）一书所载，早在 1993 年，美联储为了遏制经济衰退而按 13% 的年利率发行货币。大量的货币助长了 20 世纪 90 年代末的股票市场风潮。之后，股票市场在 2000 年冲至峰顶，美联储紧急刹车，两年之后，我们就亲眼目睹了股票泡沫的破裂（见图 1.5）。

潜在的金融危机让美联储寝食不安，于是，他们开始再次印刷钞票。这些钱来得太容易，代价太便宜，如此之低的利率大幅刺激了消费支出和住房贷款，也催生一场始于 2002 年的股票市场和不动产市场大牛市，这个在 2007 年砰然破裂的大泡沫让所有市场均遭遇过度杠杆化，并最终酿成了 2008 年的金融危机。

从 2005 年到 2008 年，美国的货币供给从 10 万亿美元增加到 14 万亿美元。假如现在我们仅用货币供给增长率作为衡量通货膨胀的指标，那么，2005 年到 2008 年期间的年实际通货膨胀率将接近 13%。

到 2010 年，美联储还在印制钞票，只不过不像 2008 年时那么疯狂而已。他们一直在绞尽脑汁地对抗通货膨胀，但这只能更加让我坚信，美元将进一步走低，并最终促使对美元实施结构化重组。

因此，我们的货币很便宜，我们的利率很低下，所有这一切，都让我们变成拥有美国银行的国家的人质。美国已经不再控制其货

按季度调整的月平均数，1960 年 1 月至 2010 年 8 月

年变化率：% ■ M3 万亿美元的对数：美元 □ SGS 提供的 M3

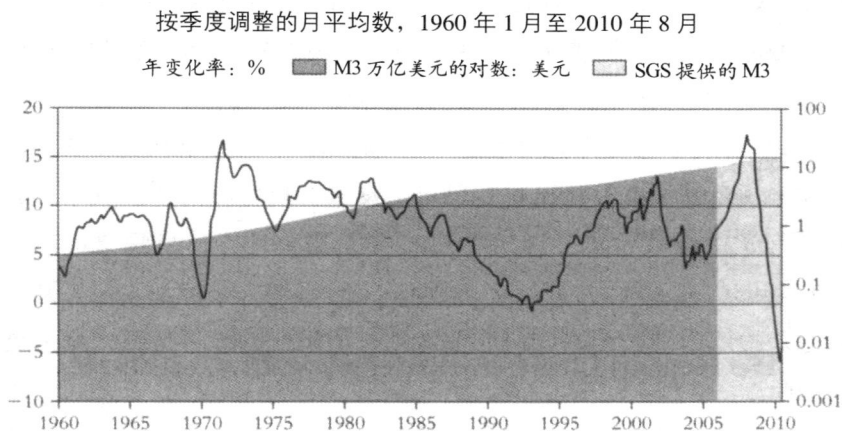

图 1.5　M3 货币供应量

2010 年出现向下倾斜反映了截止 2010 年第二季度的同比统计数据，但这不一定表明货币供给在总体上出现萎缩。

资料来源：ShadowStats.com。SGS 在未取得美联储官方数据情况下对其他数据加以整理所得

币。中国，沙特阿拉伯，还有印度，他们都在购买美国的债券。他们都在购买美国的抵押贷款资产包，还有几百种尚在流通之中的金融衍生品。他们掌握了美国孩子们的未来。

面对如此令人沮丧的现实，也并不是没有一点好消息：其他国家并不想看到美元彻底崩盘，因为这将让他们的投资价值荡然无存。可以预期的是，其他国家将继续增加对美国的债权的购买额以及提高对美元的汇率，这极有可能弱化美元贬值的速度。但贬值是不可逆转的现实。未来终将会有一只看不见的手让美国从永远无法实现的梦境中醒来，我们将不得不面对某些可以预见到的结局。

请为自己留下过冬的粮食吧

作为一个国家，美国享受了近 50 年的增长，而我们的主要经济

31

职能却始终是消费。尤其是在过去的 10 年里,我们对拥有实体性财产的痴迷以及我们挥霍无度的生活方式,终于酿成无法挽回的灾难,而承受这场灾难的不仅仅只有我们,而是整个世界。

20 世纪 90 年代,美国体验了令人瞠目结舌的经济快速增长。几百家公司公开上市:星巴克、思科以及所有科技股均扶摇直上。我们迎来了一场大牛市!这次增长改变了整个世界,当股票市场在 2003 年即将耗尽体力的时候,银行不失时机地火上浇油,他们开始不遗余力地鼓励美国人以房产做抵押,用银行的抵押贷款去购买更多房产。

以消费为基础的美国社会已成为绝大部分西方世界效仿的经济模式,但时至今日,希腊、葡萄牙、西班牙、英国、法国和其他欧洲国家不得不和我们一起应对难以为继的债务经济。

那么,我们还能做些什么呢?

当然,我们无力解决其他国家的问题,但我们完全可以解决自己的问题。今天,大多数人都已经意识到,以眼前的奢华耗尽个人资产会将我们置于不可预见之地。如果你还没有用尽你的资产,那就把没有用掉的资产留下吧。要让你的思绪平和下来,你需要的就是一个缓冲器,未雨绸缪,留下一点东西用来防范潜在的资金缺口。如果你已经彻底潦倒,那就重新开始为自己制造一个缓冲器吧。这就要求要你决定自己需要的到底是什么以及自己想要的是什么。如果我们作为个人不能首先校正自己的言行,也不可能指望政府去主动修补金融体系的漏洞。

高薪酬的代价

我们已经意识到美国和其他国家之间工资差距带来的后果。相比于其他国家,美国支付的工资实在是太高了。这是一个巨大的无底洞。

在中国、印度、东亚、东欧或是墨西哥，劳动力成本仅仅相当于美国劳动力成本的一小部分。

截至 2008 年，中国生产产品的每小时工资成本为人民币 9.48 元／小时，这相当于 1.36 美元／小时（见表 1.4）。

截至 2005 年，印度生产产品的每小时工资成本为 20.06 卢比／小时，这相当于 0.91 美元／小时（见表 1.5）。

截至 2008 年的数据显示，在美国需要 30 美元／小时的产品生产在东亚只需 15 美元／小时，在东欧约为 10 美元／小时，而在墨西哥只需 5 美元／小时（见图 1.6、1.7 和 1.8）。

表 1.4　2002 ~ 2008 年中国与美国的制造业每小时人工成本

年　份	人民币：元	美　元
2002	4.74	0.57
2003	5.17	0.62
2004	5.50	0.66
2005	5.95	0.73
2006	6.44	0.81
2007	8.06	1.06
2008	9.48	1.36

迄今为止，包括中国第一次人口普查在内的大量证据显示，美国劳工统计局计算的中国制造业就业数量及人工成本基本准确。

资料来源：美国劳工统计局，见 www.bls.gov/fls/china.htm

表 1.5 1999～2005 年印度制造业的小时人工成本

年份	每小时收入中间值（卢比，即每小时工作收入）[1]		合计报酬比率 [2]		合计报酬（卢比）[3] = [1]/[2]		汇率：卢比/美元 [4]	合计报酬（美元）[5] = [3]/[4]	
	全部员工	生产工人	全部员工	生产工人	全部员工	生产工人		全部员工	生产工人
1999	20.68	15.97	1.423	1.423	29.43	22.72	43.06	0.68	0.53
2000	22.54	16.97	1.406	1.406	31.68	23.86	44.94	0.70	0.53
2001	23.77	17.57	1.416	1.416	33.65	24.88	47.22	0.71	0.53
2002	24.95	18.22	1.417	1.417	35.36	25.83	48.63	0.73	0.53
2003	26.58	18.98	1.417	1.418	37.68	26.91	46.59	0.81	0.58
2004	27.57	19.46	1.398	1.398	38.55	27.21	45.26	0.85	0.60
2005	29.10	20.06	1.375	1.376	40.02	27.60	44.00	0.91	0.63

数据来源：美国劳工统计局，见 www.bls.gov/opub/mlr/2010/05/art1full.pdf

每小时人工成本（美元）

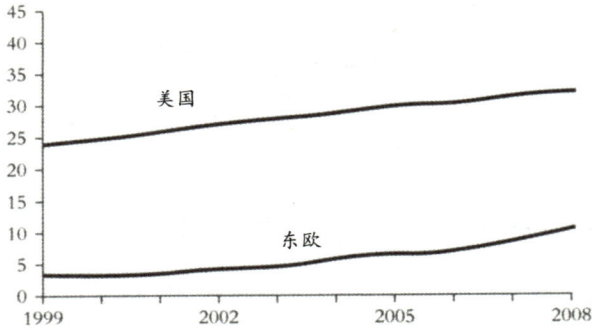

图 1.6　与东欧相比，美国制造业全员每小时人工成本

数据来源：美国劳工统计局，见 www.bls.gov/news.release/pdf/ichcc.pdf

每小时人工成本（美元）

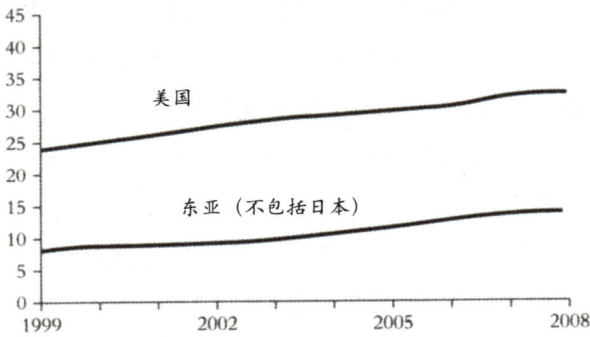

图 1.7　与东亚相比，美国制造业全员每小时人工成本

数据来源：美国劳工统计局，见 www.bls.gov/news.release/pdf/ichcc.pdf

每小时人工成本（美元）

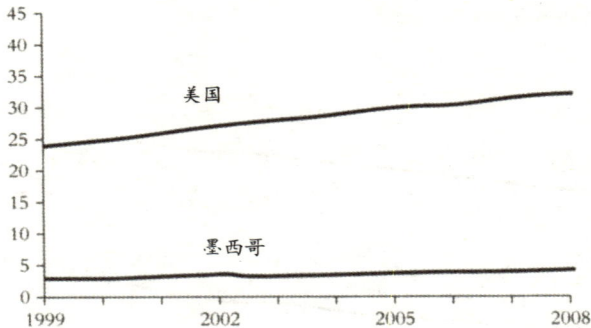

图 1.8　与墨西哥相比，美国制造业全员每小时人工成本

数据来源：美国劳工统计局，见 www.bls.gov/news.release/pdf/ichcc.pdf

　　这些图表告诉我们，美国在价格方面根本就没有任何竞争力。这是因为，在大多数其他国家，产品成本不包括美国为劳动力提供的医疗保险、石油消耗及权益计划成本。**在新兴市场国家，劳动力根本就不会指望什么权益福利：他们的唯一想法就是工作和生产。**

　　这里有一个真实的故事。我曾遇到一个名为汉斯的人，他是从事医药行业的亿万富翁。我们讨论的是他想生产的产品——不需要拐杖即可轻松行走的腿部支架。汉斯告诉我，他想把这个想法付诸实践，于是，我建议他到底特律调研一下建厂的可能性。我说："你在那里可以找到大量的劳动力，那里的人都急于找到一份工作。"

　　他甚至没有考虑我的建议。他迫不及待地做出最终决定，赶到越南、菲律宾、中国、印度和孟加拉国进行考察，因为他觉得在那里可以轻松找到工人，也不必担心医疗保险、雇员福利、性别歧视或者工伤保险。在这些国家，劳动力既有工作能力，又不乏工作愿望，他们随时等待着就业机会的到来，面对到来的工作机会，他们会感恩不尽。

　　即使汉斯把工厂设在美国，也无异于经济自杀行为。他知道，

36

一旦他的产品进入市场，在这些新兴市场国家中，就会有厂商仿制相同的产品。只有从一开始就建立其属于自己的竞争优势，才能谈维护这种竞争优势。

这就是当今美国经济及制造业所处的氛围。这些新兴市场国家不仅拥有巨大的制造业生产能力，更乐于以仅相当于美国一小部分的成本生产产品。这种巨大的反差使得美国根本就不可能参与全球市场的竞争，由此可见，我们正在永不复返地丢失这些就业机会。

但也不是没有好消息：美国人永远是创新者，永远不缺少新技术，永远拥有创建新行业和就业机会的人才。

另一个好消息是，美国人天生就不乏企业家精神，即使现在没有就业机会，但我们能创造新的就业机会和新的行业以满足新的就业需求。

iPhone 是过去 5 年甚至 50 年中最伟大的产品之一。通讯与信息交换领域的惊人进步正在改变人们的生活。但它却带着一个更令人难以忘怀的标签："中国制造"。

以往，只要美国在技术领域出现重大突破，不管是汽车、电视还是飞机，我们的制造业总会迎来一段宽限期。在这段期限内，我们有足够的时间创造就业机会，为美国制造繁荣。此后，日本在汽车和电视行业超越美国，而美国的工业则日趋退化。再后是微波炉和小型电器，这样的故事再次发生。我们或许可以在短时间内引领制造业的风潮，但生产随即便会迁徙海外。于是，原有的领先优势不复存在，而且一去不复返。

多年以来，美国的工资和健康医疗成本持续上涨，由此引起生产成本的上涨。与此同时，中国以廉价劳动力打开国门，迎接外来挑战，甚至是价格不高的工程和就业机会也被中国工人获取。对美国企业而言，盈利能力由此提高，股东喜笑颜开。

没有人真正清楚美国到底将多少就业机会外包至海外，因为企业没有必要披露此类信息，因而也永远不会有人讨论这些事情。多数经济学家认为，尽管外包的就业岗位大多属于技术含量较低的生产型工作，但工程和创造性工作也存在向外迁徙的趋势。以下是外交关系学会对这个问题的看法：

> 咨询公司或行业组织在估计美国丧失的就业机会时，大多直接与外包有关。位于波士顿的弗罗斯特（Forrester）认为，自2000年以来，美国已丢失了40万个服务业就业岗位，公司研究总监约翰·麦卡锡（John McCarthy）指出，美国正在以每月1.2万到1.5万的速度丧失就业机会。还有一些机构则估计，每月转移海外的工作岗位数量可能达到2万个。除此之外，自1983年以来，还有200万个制造业岗位转移国外。

要了解一下某个行业因此而受到的影响，我们不妨看看图1.9（见英特尔CEO安迪·格罗夫（Andy Grove）在2010年7月版《商业周刊》上发表的文章）。

我们可以看到，图1.9对某些知名美国高科技企业与中国高科技公司富士康进行了比较。顺便提一下，除生产自有品牌之外，富士康还为这些美国科技企业代加工iPhone等产品。

当下一个灵感诞生时，就会有下一个汉斯去生产另一种好产品，于是，又会有一批就业岗位转移国外。因此，美国甚至根本就享受不到经济繁荣带来的丝毫滋润，因为美国很快便会融入一种全球性经济。如果要生存下去，我们就必须拥有一个全球性客户，并在工资和现实预期上求得某种平衡。

在这方面，好消息就是我们在专有技术、企业家精神和智力资源方面的财富总能给美国带来无与伦比的优势，在这个星球面对的最急迫的挑战面前依旧能岿然不动。我们曾引领世界，我们依旧能再次引领潮流。

自 1984 年以来，美国的计算机制造业就业机会数量持续减少 *。

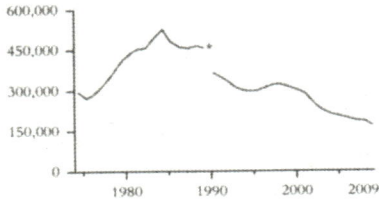

中国台湾鸿海公司（富士康的母公司）的员工数量

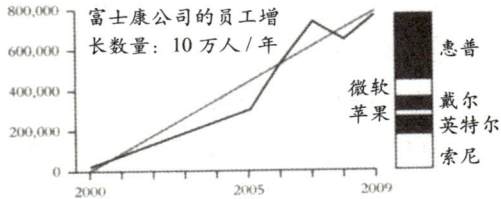

富士康公司的员工增长数量：10 万人／年

惠普
微软　苹果　戴尔　英特尔　索尼

*1990 年之前，包括办公设备。

富士康的雇员人数超过……苹果、戴尔、微软、惠普、英特尔和索尼的总和

图 1.9　中国占据世界计算机制造业的领先地位

资料来源：彭博资讯，《商业周刊》

数据来源：美国劳工统计局、汤普森金融摘要公司报告

自掘坟墓的美国食品业

以前，我们曾经是世界的大粮仓，现在，我们成了食品的纯进口国。我们生产的食品饱含毒素、抗生素与激素。这些食品主要来自大型综合农业集团和工厂化农场。

农业综合体正在大规模种植转基因谷物，这些在大剂量石化复合肥料下长大的食品，就是我们赖以生存和喂养下一代的粮食。

工厂化农场里养殖的家禽、奶牛、猪和羊已经离不开荷尔蒙和抗生素的刺激。根据美国忧思科学家联盟（Union of Concerned Scientists）的资料显示，在美国的全部抗生素使用量中，用于健康型农场家禽的数量多达 70%。尽管我不喜欢用"合谋"这个词，但这些工厂化农场确实为医药公司带来了一桩大买卖。

这些农场或许只是想用抗生素作为预防性药物，但我并不这么认为。在我们的身体持续摄入抗生素的时候，它必然会产生抗药性，这样，一旦我们真正遭受疾病时，便只有采用剂量更大、药性更强的抗生素才能达到效果，这应该是尽人皆知的常识。

这些家禽消耗的合成激素同样异常危险。一个名为 MILK 的组织最近发布预测，在美国，30% 的奶牛可能接受过 rbGH 注射，这是一种生产型激素。此外，美国牧牛肉类协会（National Cattlemen's Beef Association）指出，美国目前养殖的牛在饲养过程中均采用过人工荷尔蒙，以提高生产速度和体重。在较大规模的养殖场中，这个数字应该会达到 100%。

此外，这些出现在我们食物中的人工荷尔蒙，尤其是合成雌激素，都属于非处方药的成分，因此，它们对家禽的影响肯定是有害无益。这些实例只是简单说明了合成内分泌干扰剂对我们的影响。

我们体内的受体可以接受包括睾酮和雌性激素在内的多种荷尔蒙。合成激素与真实激素作用相仿，在进入人体之后，它们会阻断受体，导致受体不再接纳天然激素。因此，它将导致我们的身体无法抵御细菌和病毒感染，从而对我们的免疫系统造成不良影响。

这些内分泌干扰剂是导致鸟类、短吻鳄、濒危的佛罗里达豹、水獭、鱼类和软体动物生殖器官出现疾病的主要诱因之一。食物链中的某些动物表现出雌雄同体、低睾酮、低精子数以及精子数量普遍减少等特征。这些信息见于《毒理学通讯》（*Toxicology Letter*）、《临床内分泌学和代谢期刊》（*Journal of Clinical Endocrinology*）、《生化药理学》（*Biochemical Pharmacology*）以及《环境与健康展望》（*Environmental Health Perspective*）等诸多专业刊物。美国著名演说家兼作家贝蒂·卡门博士（Betty Kamen）曾就合成激素的影响撰写过了大量文章。

今天，我们消耗的荷尔蒙数量似乎还不够，于是，大多数食品加工厂开始用含有双酚 A（BPA）的塑料树脂包装材料制造盛装汤料、婴儿食品、啤酒和果汁的罐子和瓶子。尽管迄今还没有直接证据显示，接触 BPA 会对人类的生育和成长带来副作用，但几百项以老鼠为对象的实验研究表明，如果在怀孕和哺乳期内接触大剂量 BPA，可能会减少下一代的生存几率、出生时体重以及后代在成长期的生长速度。与未接触过 BPA 的动物相比，这些实验动物还表现出青春期提前到来以及肥胖症发病几率较高等特征。此外，大量证据还说明，即便是小剂量接触也会造成一定的副作用。

这不仅仅是只有美国才存在的问题。一份来自英国食品标准局和英国毒理学委员会的独立研究报告表明，BPA 可能会导致实验室老鼠的前列腺发炎，雌性老鼠的青春期提前到来，并降低老鼠的生育率。该机构还发现，BPA 的使用已非常普及，近 2/3 接受检验的罐装食品含有 BPA，包括金枪鱼、烤蚕豆和水果鸡尾酒。因此，人们出现生育率问题并不稀奇，至于性能力受到损害，我认为已经没有必要再去讨论了。

我们必须认识到，这些化学肥料、抗生素和生长激素并不是立刻见效的，而是经过日积月累之后才会显现效果。它们存在于大气环境、我们食用的动物肉类，最后沉积到我们自己的肉体中。它们存在于生物的粪便和尿液中，并最终混入我们的饮用水。

今天，肥胖症和生育疾病随处可见，前列腺和乳腺癌发病率明显增高，这些问题大多与食品中的化学用品、抗生素和激素有关。既然食品就能让我们生病，那么，目前对有机食品需求量的大增自然也就不足为奇了。

这个国家为了健康概念已经花掉了 2.4 万亿美元，但却没有一个人因此而变得更健康！我们是一个病入膏肓的民族。不仅我们的身体病魔缠身，我们的思想和心灵也疾患深重。我始终认为，健康才是我们最宝贵的财富。但我们对身心的关心程度却远超过我们对投资和汽车的关心程度。我们做的很多事情都在削弱自己的健康，因此，我们会有那么多的疾病，我们的健康医疗成本直线飞涨，自然也就是理所当然的事情了。如果我们想减少自己的医疗成本，就必须像关心我们的汽车或金钱那样，对我们的健康和身体负责。

我们的饮食方式和低劣的食物质量让我们已经离不开医生，从糖尿病到肥胖症，再到维生素匮乏症，各种各样的疾病伴随着我们。所有这些问题都要花钱，这就削弱了我们的经济，耗尽了我们的财富，并破坏了美元的价值。

我们的文化崇尚高脂肪的快餐食品，似乎它就是我们的空气。而它正在毁灭我们的健康。今天，美国人花在汉堡包上的钱已经远超过我们发射人造卫星和火星的航天经费已是不争的事实。NASA 的 2009 年度财政预算合计 177.82 亿美元。2000 年，美国人花在快餐上的金额为 1100 亿美元。截至 2009 年，美国的快餐连锁店已超过 2.5 万家，相当于 1970 年的 10 倍，目前，美国人购买快餐的开支总计已超过 1400 亿美元。在美国，肥胖症的快速增加与食用高脂肪快餐有直接关系。此外，这还将带来普遍性的营养不良，并由此造成其他各类医疗问题及相关成本增长。

不要让眼泪成为世界上最后一滴水

我们这个星球的资源是有限的。最明显的瓶颈就是矿产资源，它已经成为全球性的发展桎梏。我们的农田、森林、野生动物、清洁空气和清洁水同样也是有限的。对这些原材料以及生活必需品的需求已经超过供给。这也加剧了世界的紧张局势，而随着越来越多的国家倾心于西方世界的生活方式，这种紧张也必将愈加严重。地球只有这么多土地，又经常被自然灾害所折磨，我们不可能有更多的土地。这让被我们滥用的土地显得弥足珍贵。在美国，我们把有限的农田用于建造我们根本就不需要的住宅和商场。然后，我们再用混凝土道路把这些住宅和商场连接到一起，而这又阻断了雨水渗入地下，导致水位下降，并最终影响到全人类乃至一切生物。

大型农业综合体更是以流水线式种植技术摧毁着大片的土地，让土壤充盈着化肥和杀虫剂，它们摧残着自然生物并危及到人类和动物的健康。

我们还在污染人类的空气。世界各地的企业和交通工具每天都在燃烧化石类燃料，它们将大量二氧化碳排放到大气中（见表 1.6）。

表 1.6　美国因消耗化石燃料形成的二氧化碳排放量（单位：百万吨）

年　份	石　油	煤　炭	天然气	合　计
1990	2 178	1 797	1 026	5 007
1995	2 206	1 894	1 186	5 296
2000	2 458	2 141	1 234	5 844
2001	2 469	2 084	1 185	5 740
2002	2 468	2 094	1 242	5 817
2003	2 513	2 131	1 209	5 864
2004	2 603	2 158	1 191	5 963
2005	2 620	2 161	1 179	5 972
2006	2 585	2 131	1 158	5 885
2007	2 568	2 154	1 234	5 967
2008	2 413	2 130	1 247	5 802

资料来源：美国能源信息署

因滥砍滥伐和使用化石燃料，大气中的二氧化碳含量已经增加了 35%，图 1.10 为以往 50 年的二氧化碳增长情况。

二氧化碳浓度（ppmv）

在夏威夷莫纳罗亚山测
得的大气二氧化碳含量

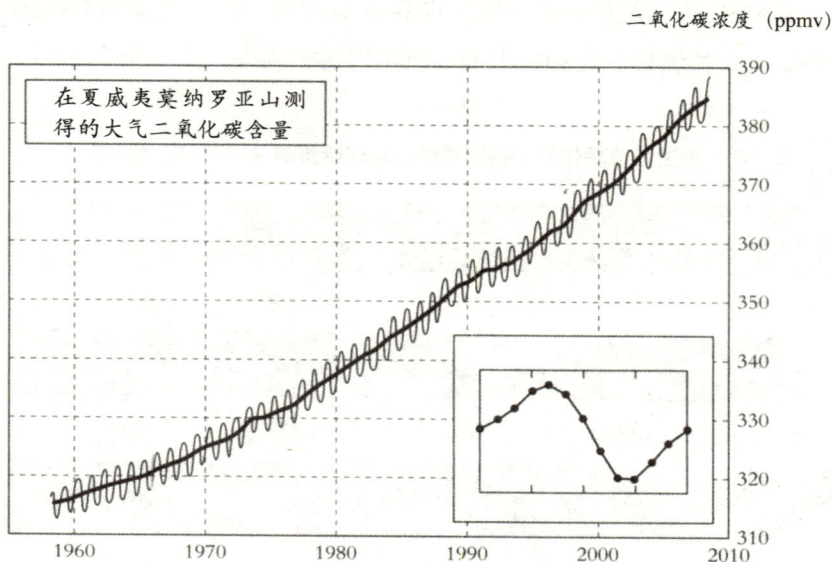

图 1.10　大气中二氧化碳含量的变化

资料来源：美国能源信息署

　　数以千计的人因呼吸道疾病而丧命。兰德公司的一项研究表明，从 2005 年到 2007 年，加州因未能达到联邦政府规定的空气清洁度而遭受的损失高达 1.93 亿美元。这些费用涉及 3 万人的入院治疗费和紧急救护费。

　　大气二氧化碳含量超标的另一个结果就是海水酸度显著升高，因为海水本身就相当于一个巨大的海绵。一些知名研究机构的报告显示，仅仅在过去的 100 年里，我们海洋的 pH 值便已下降了 30%，这相当于以往 2 000 年变化的 100 多倍。海洋的酸化速度预计将在未来 40 年内再翻一番，这显然已经超过海洋生物的适应能力。海洋的 pH 值变化已经在破坏海洋生物和我们的食物链。在华盛顿州，我们每天都在听着这样的消息：因海水 pH 值的下降，牡蛎床已经不再生产牡蛎。

我们还在污染地球的地下蓄水层。这里有一个绝好说明问题的实例：仅在华盛顿哥伦比亚特区的波托马克河沿岸就建设了 7 座城市、7 座污水处理厂和 7 套水提取系统。它们汲取波托马克河中的河水，经处理后用于饮用及其他用途，再把废水排到波托马克河。下游紧邻的第二座城市再从波托马克河中抽水、饮用、再排回波托马克河。再下游的第三座城市再重复同样的过程，周而复始，沿着波托马克河不断循环。大家乐此不疲地饮用和使用着波托马克河的水。

这似乎还不够，2005 年，国会在时任副总统迪克·切尼（Dick Cheney）的倡导下通过《能源政策法案》。按照该法案，《安全饮用水法案》等诸多传统环境法规允许的所谓"水力压裂式排污法"因极具破坏性将被禁止采用。这种水力压裂法通常用于天然气勘探。

在这个过程中，需要以高压泵把 600 多种有毒化学品及十几种致癌物及携带的盐类和泥沙压进排污口。这些混合物导致页岩断裂并释放出天然气。这种方法最大的问题在于，由此形成的化学混合物最终沉积于当地的地下蓄水层。

就在我创作本书的时候，我在自己的电脑中看到一段视频录像，在录像中，一位来自宾夕法尼亚州东北部的男士打开厨房水龙头，然后用打火机点燃自来水。这太危险了！天然气从水龙头里喷涌而出，自来水中喷出巨大的火球。你还想喝这样的水吗？你愿意让你的热水器充斥着能爆炸的物质吗？这段录像在网络上迅速传播，从得克萨斯州到怀俄明州，又从宾夕法尼亚州传到其他各地。2010 年 9 月，美国环境保护署开始就这一录像所反映的情况召开听证会，公开征询意见。

在全球范围，我们同样在拼命耗尽地球有限的资源。新兴第三世界国家为了偿还债务而在竞相砍伐森林，出口木材，然后再用贫瘠的土地种植罂粟。这种做法破坏了数千种动物的栖息地，腐蚀着原本便已非常贫瘠的土地，让这里的居民更脆弱，更依赖于毒品贸易。这既非理性，又不具有可持续性。

要寻找让这个世界变得更经济的模式，我们必须从地区和全球两个层面认真审视我们对待食物资源、水资源以及空气的方式。让美国人衣食无忧是我们的国家利益，而让人类过上积极健康的生活并致力于获得全球财富与幸福则是全人类的共同利益。

这个方面绝对不乏好消息：作为世界居民，大多数美国人已从梦中醒来，认识到我们对生命支持体系的危害，并积极倡导改变人类对地球肆意诋毁的行为方式。

"这就是革命，绝对是一场革命"

在这里，我想给大家讲一段故事。2010 年春天，在夏威夷度假时，我接到格兰·贝克的电话，邀请我到洛杉矶参加他的一个电视真人秀节目。他希望能在现场采访我。他以前曾听过我接受 CNBC 采访的录音，因此决定请我到他的节目上，现场回答他的几个问题。

于是，我飞到洛杉矶。我们乘坐"林肯"加长豪华轿车前往录影棚，汽车行驶在 8 车道的林荫大道上，道旁的棕榈树向后闪去，眼中是曾经出现在电影《美国偶像》（*American Idol*）中一幕幕熟悉的场景，我觉得自己正在另一个星球。我的意思是说，这里的景象完全是超现实的。我出生在纽约，后来举家搬迁到西雅图，现在，乘坐豪华轿车前往电视录影棚，采访我的将是格兰·贝克，眼前的这一切让我觉得加州就像梦中世界一般。我确实觉得自己生活在别人的电影中，会有一个人突然跳出来大喊一声："开拍！"

好在我以前在电话里与格兰有过交流，也看过他的节目。我知道他的嘴巴就像机关枪一样咄咄逼人，他不仅会从你能想象到的每个角度提出问题，也能从你想象不到的某个角度提出问题。我知道，只有让自己的大脑充分调动起来，才能跟上他的思维。

我参加过很多广播节目，但我可不想假装自己能跟上他的思路。我只能祈求能跟上他的嘴巴。我更希望能让自己的表现得到基本尊重，但最关键的是，我希望能度过这一关。

不管怎么说，我现在还坐着豪华轿车的后排，像个疯子似的在笔记本电脑上搜刮材料，希望不放过能在采访中应对格兰的每一个细节。从瓦胡岛登上飞机那一刻起，我就一直在记录，但是在我的笔记本上，却只留下几页我觉得能用得上的东西。我又开始搜索。

我搜肠刮肚地回忆我知道的一切：从全球经济、美国的遭遇到华尔街，从社会变革到当前大事件，从群体思维、群体行为到顾虑和贪婪，从政治到洪水、饥荒、飓风和地震，从海湾石油泄漏到不再安全的健康，再到我们身处危境的孩子……与这个世界有关的一切，我都想装在自己的脑子里。

我记得当时自己特别想到了希腊，以及国际社会对希腊如何能摆脱国家破产危机的种种担忧。这次洛杉矶之行适逢希腊暴乱一周的时间，和这个地球上的很多人一样，我也非常关心希腊会发生什么，以及其他因过度负债而遭遇相同经济境况的每个国家将会发生什么。当时，希腊就如同即将倒下的多米诺骨牌中的第一块，只需一股微风，大厦便会轰然倒塌。不管怎样，我还是抄满了几页这方面的材料，怎么说呢？只能说不乏说服力了。

但到了最后，我的大脑终于停止工作，我手里的笔不再移动，时间已经停滞，我的思维如同雨中飘摇的枯叶。只有那种超现实的思维在我的脑中扩张蔓延。我记得我看着车窗，看着《美国偶像》中的景致从窗前掠过。之后，一组图像在我的大脑中闪过：街道上到处是火焰和浓烟，人们在暴动，到处是枪声，人们用沾满鲜血的手捂着流满鲜血的脸，马路上躺着血流不止的尸体，四处是被暴力分子推翻的汽车，警察在暴乱分子面前列队待发，耳边响着枪声，催泪瓦斯冒出滚滚浓烟。虽然我大脑中的影像没有声音，但我能感觉到喧嚣与嘶喊，我能感受到恐惧无处不在。

然而，就在几天之后，我头脑中的影像便成为血淋淋的现实：卫星拍摄的希腊街头图片把我的幻想变成现实。但是在这一天，我们坐在充满祥和气氛的豪华轿车中驶进录影棚，而此时此刻的希腊已深陷危机前夜的战栗之中。

我不知道自己在惊诧中呆呆地坐了多久，但最终，我终于从梦境中惊醒，再次提笔。但这次我只写下了一个单词。我用特大号的大写字母在笔记本的下方写下了这个单词。我准备了一页又一页的资料之后，我得到一个再简单不过的结论，只有一个单词的结论，这个单词就是"革命"。

这就是我的结论。这也是我唯一认为最准确的结论——革命。千万不要以为我会对这个结论泰然处之，它同样让我感到恐惧和震撼。它会让每一个理智清醒的人感到恐惧。但是在整理了所有已知事实和我认为可能发生的未知结果之后，在回放那一幕幕曾经出现在我脑海中的景象之后，我终于得出一个结论：**我们或者说整个世界以及我们所了解的经济体系，都在迎接着某种形式的革命。**这就是我想在格兰节目上表达的观点。

我合上笔记本，放进公文包，在剩下的路上尽情欣赏洛杉矶超现实主义格调的景观。

轿车一开进录影棚，我便在保安护送下进入演播室，格兰正在那里录制节目。格兰的制片人乔·凯利迎接我，并带我到各处参观了一番。他首先向我介绍了剧组人员，满足了一下我的好奇心。至少没有漏掉他认为我想去的地方。

在乔带我穿过录影棚的时候，我听见格兰正在招呼剧组和演职人员。格兰通常要亲自参与节目的每一个环节，如果到过电视录影棚，你就会知道，那里有很多事情要做。格兰几乎无处不在，我甚至能听见他在指导灯光、后勤、黑板、嘉宾、座位等工作。他对这种事情无所不知。如果说他能透过墙壁看见我，我一点也不会奇怪。

当时，他正在和一个剧组人员谈话，我能听见他在提到"希腊"这个词的时候，嗓门突然开始上升，之后，我听到他在叫喊"这就是革命，绝对是一场革命"。

尽管我知道这个单词毫无新意，但是在此时此刻，我几乎无法形容自己的感受，我甚至觉得后脊梁在那一瞬间掠过一丝寒意。过了一会，我猛地从公文包里抽出笔记本，飞快地翻到我最想看到的那一页，然后把笔记本举到乔的眼前，指着我在脑海中过滤了一幅幅图片之后得到的那个结论。格兰和我得出了完全相同的结论："革命"就在眼前。

我记不起当时的采访到底持续多长时间，但我的确记得格兰把我的笔记本拿到摄像机镜头前，指着这个只有一个单词的结论，验证他的观点。几天之后，希腊陷入全面崩溃，我在超现实景观大道上幻想的所有图景开始出现在世界各地的电视机屏幕上。

我并不认为只有格兰和我才得出这个结论。我的意思是说，虽然我很聪明，格兰也很聪明，但是这个世界上还有很多聪明人，我相信，还有很多人会看到我和格兰看到的景象。

但是在录制那个节目的时候，还没有人提到"革命"这个定义，这就像在主流电视节目中不适合出现"FUCK"这个词一样。也没有人谈论"新世界秩序"这样的概念。现在，我经常观看谈话节目，我发现，人们终于开始不再否认现实，终于不再自欺欺人。这是一件好事。如果我们不承认问题的存在，就不可能找到解决问题的答案。因此，在那一天，格兰和我都提到了"革命"这个词。

现在，我们就是要通过这本书来讨论"新世界秩序"。就在主流媒体 CNN 上周的一个谈话节目中，我还听到一位接受采访的经济学家提到"新世界秩序"这个词。因此，这样的对话已经面向公众，我们必须积极地去讨论这些问题，让这些不可避免的事情以最符合我们意志的方式转化为现实。

这就是我要创作本书的主要原因。**"革命"并不需要我们一定要走到街道上去流血和诉诸暴力，但它只要求我们接受现实，面对现实，接受我们所看到的这个世界正在改变的现实，并以积极的行动让这个世界继续属于我们生活的家园。**

　　作为一个国家，我们从来没有遭遇过这样的尴尬境地：无论是在经济、民族、伦理道德还是意志上，我们都徘徊在十字路口。作为一个国家，一个社会，作为全球大集体的一个组成部分以及人类的一部分居民，尽我们所能去保护美国人、全人类以及我们的子孙后代，是我们义不容辞的责任。把我们自己制造的问题丢给我们的子孙后代，显然是不道德的。我们所能做的唯一符合"基本道德标准"的事情，就是客观面对历史选择带来的后果，彻底改变我们的决策方式。让这些事关存亡的决策必须以道德为准绳，公平对待这个世界上和我们一样的每一位过客。

　　我们在未来几天、几个月乃至未来几年做出的决策，将决定着我们子孙后代的命运。因此，决定我们每个人将以何种方式出现在后人的记忆中，是我们每个人的责任。作为整整一代人，作为一个社会，我们可能会以自我放纵者的角色被载入史册，让这个星球上最强大的国家走向破产。

　　或者说，我们也可以成为在最艰难的时刻走上擂台的一代人，全力以赴地去纠正以往决策造成的不可持续的后果。我们可以被后人看成缩头乌龟，拒绝现实，拒绝为我们制造的问题承担责任。当然，我们也可以成为时代的英雄。

　　最令人振奋的消息就是：大多数人都想做正确的事。如果顺利的话，本书或许能为我们认识这些"正确的事情"提供一点参考。

第2章
昨天，该结束了

　　任何让我们在困境中站起来的尝试都是一种成功。我们的历史中从不缺少被对手击倒之后再爬起来的经历，我希望我们今天能够重复这样的历史。我坚信我们能从我们为自己挖掘的洞穴中爬出来。

今天的现实是我们以往选择的结果，而未来将是我们今天选择的结果。

这个观点貌似简单，但却蕴含极其深奥的含义。我们在上一章里提到的诸多问题，源于数百万人在数千天内做出的数百万个决定。美国并不总是处于这样的困境之中，也不会永远沉沦于这样的困境。

美国人曾数次触底，但每次都能顺利反弹。这就是成功者的足迹。就像我们当初曾经从英国殖民地演化成一个独立国家，就像我们曾经走出历史上最残忍的内战之一，就像我们曾经战胜20世纪30年代的"大萧条"和多年干旱的摧残，我们同样能找到攻克当前挑战的出路。

唯一能让我们陷入失败的就是低下高贵的头颅，自暴自弃，不思进取。因此，任何让我们在困境中站起来的尝试都是一种成功。美国的历史中从不缺少被对手击倒之后再爬起来的经历，我希望我们能够重复这样的历史。我坚信我们能从我们为自己挖掘的洞穴中爬出来。此时，任何值得我们拥有的财富都值得我们去为之而付出。

我知道这肯定是正确的。我自己也曾数次触底，我并不只是说我曾失去过自己的房子和汽车，尽管这样的事情确实发生过。我们讨论的是走出困境找回自我的奋斗过程：找到可以吃的食品，找到可以睡觉的居所。虽然我们不知道应该去信赖谁，但我知道，生存才是硬道理。我也知道，要找回自尊，让我的家庭丰衣足食绝非易事，但这样的努力绝对值得，为实现这些目标而去奋斗是一种骄傲，因为我们有责任去追求，也付出了努力去奋斗。作为一个称职的丈夫，一个称职的父亲，我深知奋斗的意义。我同样知道，我绝对不是第一个陷入困境并奋力拼争的人，我更知道，我也绝对不是最后一个。很多人正在这样地挣扎和奋斗着。

这就是我创作这本书的原因。我希望大家能把这本书当成一堂速成课，帮助你以坚强不屈的奋斗摆脱困境。我希望它能帮助你合理策划自己的下一步，乃至更远的未来。我希望它能帮助你找到解决问题的答案，远离错误。

因此，我只是想把我认定的真理呈现给大家，并希望这些见解能帮助各位看穿曾经让我们身陷囹圄的错觉。我的目的就是为读者提供一些见解和线索，让你的奋斗之路更加轻松顺利。

不做媒体的"提线木偶"

我认为，上一章谈到的很多债务问题均源于我们的不满足以及我们摆脱这种不满情绪的需求。在下意识层次，很多人都会感到无助和不幸，并以逃避来抚平这种不安。于是，我们会求助于一杯酒、一支烟或是找几个人打几圈牌，或是干脆去赌场。或者，我们也可以到音像店去搜搜最新的电影，逛逛附近的大卖场。于是，当再次遭遇不满情绪的时候，我们便可以如法炮制。当我们一次次地重复相同的动作时，我们就会成瘾。我们会越来越依赖于这些外部刺激以缓解自己的不满情绪。

那么，我们的社会为什么如此不满于现实，而不得不借助于外界资源去填补我们的欲望呢？

我认为，这种不满足的主要来源就是宣传性媒体。

作为一个社会，我们被各类信息洗过的大脑已经坚信不疑：我们已经不再健康。媒体用不计其数的谎言轰炸我们。它告诉我们，我们并不富裕，不够聪明，不够成功，不够苗条，也不够兴奋。它告诉我们的妙龄少女，只要不像林赛·罗韩、小甜甜布兰妮或是克里斯蒂娜·阿奎莱拉，就算不上美女。铺天盖地的广告让我们坚信，只要不买这种或那种除味剂、牙膏或者洗发香波，我们身上散发的气味就会令人作呕，我们的外表就会难看无比，我们就会全无魅力。

媒体会告诉我们，如果我们的车不是梅赛德斯或是价值 8 万美元的宝马（不管你是不是能买得起），我们的生活水平就没有达到应有水平。媒体让我们相信，如果我们还没有住进 4 000 平方英尺、配有 5 个卧室和游泳池的豪宅，我们就没有实现"美国梦"。媒体还告诉我们，如果我们没有把异性话题随时挂在嘴边，就算不上有性欲。

所有这一切都是错误的。它们只是广告的最终目的：它让我们对这些"美国梦"信以为真，激起我们的不满足欲望，这样，它们就可以把自己的解决方案推销给我们。但我们并非全无判断，每个人都有起起落落。我们都有不如意的时候，我们都有衣衫不整的时候，我们都要为了下一次晋升而拼命。在寻找工作之际，我们都会感到入不敷出。**但是，这就是生活。**

媒体展示给我们的那些完美的生活和完美的人，不过是虚幻而已。这也是媒体用以勾起我们产生不满足情绪的手段。我们已经沉迷于这种虚幻的现实，我们甚至深信不疑：这些理想主义的幻影触手可及，只要实现这些理想，我们就不会再感到失意和不满。

总体而言，媒体、特别是广告通过系统化方式诱使我们陷入电视节目设定的情景以及心理暗示，让我们的思维沉迷于理想化影像以及自我否定之中，这让我们深信：只有购买某样东西，我们才能满足于现实生活。

于是，我们就会敞开腰包去购买新汽车、漂亮的衣服、减肥食品或是壮阳药物。只要是广告声称会让我们更快乐的东西，我们都会义无反顾地去购买。

我们都希望自己更快乐，我们希望马上得到满足，我们需要马上摆脱不满足带来的折磨。于是，我们为了这瞬间的解脱而心甘情愿地掏出信用卡。

　　但正是这瞬间的解脱让我们付出了沉重代价。根据美联储的报告，截至 2010 年 7 月，美国的总消费性负债（不包括抵押贷款）为 24 189 亿美元，这相当于不管男女老少，每个美国人都要背负 8 600 美元的债务。但并不是每个美国人都有工资可赚，这个所谓的"每个人"不仅包括你的祖母，还包括你妹妹的新生婴儿。

　　与此同时，美联储的报告还告诉我们，随着人们不断偿还其周转性消费信贷，并开始动用手头现金购买食品及其他生活必需品时，总债务规模在过去两年内已开始呈现持续性下降趋势。但我坚持认为，这种举债度日的行为模式源于总体经济形势的下滑以及人们对未来就业前途的顾虑，而不仅仅是美国人自我价值意识发生根本性变化，或者说美国人已经彻底撇弃了不满足的生活态度。我坚信，美国人对生活的不满足情绪依旧强大。

　　媒体剥夺了我们对自我以及自身价值的理性认识。它让我们不再相信自己的理智。我们开始越来越关注表面现象，以至于我们为了维持这种幻觉而心甘情愿地用自己乃至我们子孙的生活去做抵押。

　　但现实残酷地告诉我们，我们已经入不敷出，我们必须停止这样的生活方式。我们决不能再任由媒体去告诉我们，怎样生活才是快乐的。我们决不能再依赖廉价信贷为摆脱不满足的烦恼而去寻找瞬间的快感。

　　我们必须抓住事物的本来面貌，去过现实的生活。我们必须调整自己的价值观，并以本质和效用为标准去决定事物的价值，而不是它们的外在形象。我们绝不能再让"幕后的那个人"——我的意思是指那些把东西卖给我们的人——对自己指手画脚。难道说穿上 90 美元一双的篮球鞋就能给你带来篮球明星般的形象魅力吗？一定要开着悍马越野车送孩子去幼儿园才够气派吗？穿着名牌时装，带着劳力士手表就一定会让你显得与众不同吗？它们真的能让你更成功或是更有天赋吗？它们毕竟只是一双鞋而已！不过让你的手脚不至于直接接触地面的必需品而已。服装设计师根本就不知道自己的衣服会穿在谁的身上。它们毕竟只是衣服。与折扣店或大卖场里的服装相比,它们既不能让你更暖和,也不会给你带来更多的保护。

不过,我知道每个人都需要购买某种特定商品去满足特定的功能,对你来说,这种商品可能意味着高质量的服装或是豪华轿车,因为它们对你的职业而言是必需的。但我只是想说,你应该以正确的理由去购物,而不是屈服于广告的诱惑。

我还要声明的是,我无意冒犯那些喜欢花钱购买非必要商品的人们。很多人已经在过着斯巴达式的简朴生活,这既有可能是他们自己做出的选择,也可能源于经济形势的剧烈变化。因此,我完全可以理解,很多人会心情愉快地卖掉自己的豪华轿车或是孩子的双层床,但前提是我们还有车有床可以使用。

根据盖洛普的最近一次调查,在上等收入美国人中,用于商店购物、餐饮、加油及在线采购的自主性支出每月平均为 107 美元到 121 美元,中等收入和下等收入美国人的月平均支出则在 52 美元到 61 美元之间。这些数字本身已经说明了支出数额的减少,比 2009 年 10 月低了 20%,这一变化与很多美国人对就业率的预期直接相关。

我们必须记住自己是谁。我们是谁并不取决于广告媒体对我们的定义,而是依赖于我们的信仰和我们的行动。我们没必要让洛杉矶的某个喜剧作家去告诉我们,到底怎样才算融入社会主流,怎样才算性感,怎样才算成功。我们不能依赖他人或是某种身外之物给我们带来满足感,填补我们为"达到"某种理想状态而萌发的欲望。

告别"卡奴时代"

作为一个国家,我们一直依赖于银行和信用卡公司来实现自我救赎,让我们在没有责任感的天空下无忧无虑地生活。我们已经习惯于依赖信用卡,我们必须斩钉截铁地克制这种嗜好。染上很多不良嗜好的第一步就是自己遇到问题而选择逃避绕开。在下面这个摆脱瘾君子诱惑的 7 个步骤中，一旦走出第一步，你就可以看到曙光。尽管承认这一点很痛苦，也很富有挑战性，但你必须这样做，而且也只有你才能拯救自己。

1. 你必须认识到，让每月受累于偿还月供已经不可能再给你带来任何好处。

2. 你必须放弃对无力支付之物的依恋。

3. 你必须学习着要么用现金付款，要么扭头走开。

4. 你必须学会控制瞬间的冲动，不要让它们在你的信用卡上增加几千美元的负债。

5. 你必须学会在受制于销售推介或是媒体操纵的时刻做出判断。

6. 你必须终结你与信用卡之间的相互依赖性。

7. 你必须销毁信用卡或者至少要限制信用卡的使用。

你可以烧掉你的信用卡、把它剪成碎片埋起来或是以其他方式为它送葬；你可以邀请自己的邻居，举办一场烧毁信用卡的派对；你也可以给所有人打一个电话，约个时间到大街上面对天空大喊："债务永远也不能再奴役我了。"然后烧掉你的信用卡；你还可以把这个过程录制下来，放到 YouTube，你会发现，一切都变化了。因为我也能在网站上看到你的重生之旅。

我可能会听到你对我尖叫："你是个笨蛋吗？我要用信用卡来做生意！"

看看，我应该算是个实用主义者。我讨论的不是要以信用卡来维持存货的情形。因为这种信用是企业经营周期中的一部分。你需要面对现实：美国 70% 的国民生产总值来源于依赖赊销实现存货周转的零售业。我们谈论的是以负责任的方式使用个人消费信贷，它是在愿望而非需求基础上没有能力支付的采购。

　　一定要对分期付款计划说"不"。跟着我说："我的生活不是分期付款企划。我自己以及我的家庭和孩子的生活太复杂了，以至于我们根本就不能把它们分解为一段段简单的分期付款计划。"

　　我们需要重归祖父母和父母辈的价值观。他们没有信用卡。他们的道德观就是量入为出。只用现金支付，只买他们能买得起的东西，而且还要等到价格下跌时才肯出手。价格之所以会上涨，是因为商人知道我们能得到信贷，于是，他们便人为抬高价格。我们刚刚在房地产泡沫中看穿这些伎俩。卖家的售价就是市场愿意支付的价格。如果市场认为价值提高，我们就会支付更高的价格。对于不动产来说，要做到这一点很简单，因为市场上有数以千计的抵押贷款经纪人，他们的唯一目标就是为买家提供抵押贷款形式的信贷。市场上的钱越多，卖家就可以索取更高的价格。如果没有信贷支持——或者说，我们只用现金付款，我们就必须克制自己，要么以现金付款，要么扭头走开。

把"安全网"晾在一边

　　现在，我们的政府可以为失业者提供最长达 99 个星期的失业保障。对于个人来说，这就相当于他们在两年时间内没有动力和必要去找工作。这也算是失业福利的一大进步吧！1991 年，《紧急失业救济计划》允许联邦政府为失业者提高最长达 13 周的失业救济。1992 年 2 月，《紧急失业救济计划》经修正后，可为失业率最高的州的失业者提供 20～23 周的失业救济，并在所有州实行 13～26 周的失业救济。2002 年，因恐怖袭击而失业的人员可享受 26～39 周的失业救济。2008 年 7 月，又对符合《紧急失业救济计划》的人员在原有 13 周救济期基础上增加 7 周时间。尽管这项规定在 2009 年 6 月之前一直运行良好，但就业率仍旧持续走低。2010 年初，救济期再一次被延长到 99 周。

目前，各州还需与联邦政府共同担负这些权益计划的成本，但他们已感到筋疲力尽。根据 ProPublica.org 发表的多项研究报告以及劳工部的统计数据，对联邦失业救济的需求已导致 27 个州的失业保险基金出现赤字，40 多个州则濒临破产。

这些进一步说明权益计划是不可持续的。它们不仅消耗了美国的财务储备，也削弱了我们以新的方式创造财富、创办新企业和打造新行业的动力。因此，政府需要给予工人的是激励，而不是救济。

千万不要误解我的意思。因为丧失基本收入绝对是一种难以想象的境地。几乎每个人都曾有过这样的经历，我当然也不例外。那种感觉很痛苦，让人毫无尊严。申请一份你的资历已远远超过其基本要求并让你感到根本就不值得的工作，显然是一种令人羞愧难当的耻辱。因此，在我们努力摆脱这种震荡的时候，用失业保险救济做缓冲的确是一种巨大的安抚，但它却会延长这种痛苦。

重建就业平台的必要性显然是美国的当务之急。因为美国人毕竟需要寻找让他们的餐桌不缺少食物的出路。但是，他们越是推迟承认这个现实，他们就越有可能成为定势思维的牺牲品，也就有可能依赖于失业救济。把自己封锁在不劳而获的救济美梦中的时间越长，人们就越难找回曾经的自我——一个有生产能力和价值的人。这是对人的最大羞辱。

当人们只关心如何伸手索取救济，申请根本就不存在的工作时，他们就不可能全身心地投入于手头的工作并积极寻求自立与自强的出路。这个国家绝不缺乏聪明而勤勉的人，他们知道该如何解决摆在面前的问题。但失业保险体系关注的对象却是那些不思进取、只求吃饱、不求进步的人。

我并不是说失业保险救济不好。但政府必须重新思考，为了解决伤者的痛苦而给流血的伤口缠上一块绷带，这样的做法是否恰当。

我们曾在上一章提到过，作为一个国家，我们还过分依赖于社保和医保权益计划。就个人而言，我认为我们应该以辛勤劳动来换取这些权益计划。但是，看看我们对自己的环境和经济干了些什么，看看我们留给子孙后代的巨大债务，我觉得我们没有资格享受这样的回报。我也不认为我们是在通过辛苦的工作换来取这些救济。

和曾祖母凯瑟琳·安吉尔在一起的时候，也是我人生最快乐的一段时光。和她在一起的每一秒钟都让我无比怀念和珍惜。听着她给我讲述北卡罗来纳和阿凯狄亚国家公园的故事，对我来说是一种无上的荣誉和特权。我并不在乎她讲了些什么，我只是感受到那是一种享受。

对于她给予我的一切，我总是充满了感激和尊敬。但是现在，我自己也在慢慢变老，从某种程度上讲，我也变成了老年人。看到镜子里的自己时，我常常会问自己："我还配得上儿女对我的尊敬和感激吗？"

你会怎样回答这个问题呢？你是否拥有儿女对自己的尊重和感激呢？

很遗憾，很多人还不能说自己配得上这样的尊重和感激。除非我们当机立断，及时纠正自己的错误；除非我们不遗余力地修补我们给这个星球造成的伤害；除非我们痛定思痛，断然与过去分手，留给我们子孙一个健康的世界。否则，我们的子孙就不应该尊敬我们。他们只应该诅咒我们。

那么，我们到底怎样才能弃恶从善呢？怎么才能减轻我们留给子孙的财富亏空呢？怎么才能修补我们给环境造成的破坏呢？

社会保险安全网就是我们依赖的另一项权益计划。我认为，**要减少对它的依赖性，唯一的出路就是非需莫用**。对于那些即使没有社会保险也能生存的人，我认为他们应该重新考虑一下是否有必要申请这种救济金。因为那些亟须救助的人已经让美国难堪重负。

缓解财政压力的另一个出路则是减少我们对医疗保险的需求。美国的技术优势让我们可以引诱人们把生命寄托于饮食机和心肺机器，这样，医药行业就可以无止境地吞噬美国人腰包里的美元。这本身就是种病态。我们必须限制这种欲望，学会尊重生命周期的自然规律。我们必须放弃以人为干预扰乱生死自然循环的欲望。

要减少医疗成本，我们就必须主动关爱自己的身体。我们必须消除健康恶化的根源，更多地关注如何培养良好的健康状况。我们必须停止以杀虫剂和化肥中的毒素来毒害我们自己身体的做法。我们必须停止和我们的家禽和奶牛共同消费荷尔蒙的状况。我们必须果断采取措施让食品行业为我们的健康承担责任。

在这里，我想给大家讲一个故事。

一条小河横穿一个小村庄。在度过了肆虐的雨季之后，下游各个村庄的村民开始患病。于是，下游一个又一个村庄的村民开始患病并不断死去。后来，一批村民沿河向上游寻找病原，他们发现一只巨大的死亡麋鹿挂在树枝上，麋鹿的尸体在流水冲击下不断腐烂。他们把麋鹿尸体拉出水之后，人们马上便不再患病，人们又恢复了健康和快乐。

实际上，他们唯一做的事情就是移除导致人们生病的细菌源头，把这只正在腐烂的麋鹿拉出水也是他们唯一的选择。

如果美国要维持健康，美国就必须消除疾病的根源。我并不是说美国一定要加大对疾病治疗的资金投入。有些疾病根本就不可能治愈，我们只能预防疾病，提早消灭疾病根源。我认为，大多数疾病不过是我们身体内自然体系因饮食中含有大量化学制品及激素而导致极端失衡的结果。我们必须消除这些失衡。我们必须拖出水中的那只死麋鹿。只有这样，我们才能变得更健康，我们才能看到每年 2.4 万亿美元的医疗成本账单出现下降的希望。

61

做你自己的"健康提示板"

当你的孩子即将参加夏令营时，你却让他带着一罐杀蚊剂，这听起来近乎于疯狂。这东西的作用是灭蚊。蚊子是一种生物。你的孩子也是生物。你认为这对他的神经系统、血液或者心脏会造成什么影响呢？我们已经被彻底洗脑，只要一种产品被放在货架上，就意味着它一定有用。但这并非是它的真正含义。它只意味着食品与药物管理局（FDA）已对产品进行了检验，而且产品已通过检验。这些检验是他们的唯一手段。动动脑，这不过是常识而已。臭虫喷剂可以杀死臭虫，但它未必对其他生物没有坏处，譬如你的孩子。这样的产品也能登上货架，只能说明 FDA 充斥着傻瓜。

你注意过目前的电视上到底有多少药品广告吗？我认为美国应该像对待香烟和酒类广告那样，彻底禁止播放药品广告。原因很简单，这些产品在电视上做广告并不能让它们变得更健康。我们在电视上看着听着这些产品如何让我们的生活更美好，而在现实中看到的却是它们的副作用。我可不想为了让我和妻子的性生活更和谐的同时却要冒着失明或是失聪的危险。我们只需动用常识即可，而不是信任官方机构告诉我们怎样才能更健康。

还有更荒唐的事情。我的妻子多年服用避孕药，这很可怕，因为这些激素会干扰雌性肌体的每一个系统，但不管是痤疮还是安神，医生的药方总也少不了这种药。这种威力强大的荷尔蒙充斥于我们身边的生态系统，并导致各种物种遭遇生育问题，其中当然也包括人类。我们将另行讨论这个问题。

戒除"能源瘾"

美国是石油的净进口国。这意味着，我们要为自己消耗的石油向其他国家付费。这是因为我们自己无法生产足够的石油（也包括其他类型的燃料）。最终的结果就是我们不得不采取更极端的措施来为自己寻找石油和天然气，于是，我们面对的现实就是这些努力让我们付出越来越大的成本。我们不可能把环境因素和经济因素断然分开，它们是相辅相成的。

例如，我们需要石油，因此我们就需要开展越来越多的离岸勘探。正常情况下，这种做法的风险是可以控制的，但灾难却会突然而至，譬如泄露的原油污染了整个墨西哥湾。想想由此带来的经济成本，要弥补上述事件对墨西哥湾海产品行业的损失到底要花费多少资金？要补救因有毒沉淀物掩埋海底和破坏食物链底层造成的现实损失和未来损失要投入多少资金？这个数字难以估计。如果我们任由环境遭受破坏，我们就是在破坏我们的食品行业。

同样的命运也光顾了我们的天然气行业。政治家习惯利用我们对燃料供给不足造成的恐慌。他们刻意回避美国国家环保署在某些地区禁止开采天然气的基本规定。一旦敞开这扇大门，天然气开采企业就可以采用一种被称为"水力压裂法"的勘探技术。我们已经讨论过，这种钻探技术会破坏我们的水资源。迄今为止，已有 45%的地下蓄水层受到影响或处于危险之中，而这已经接近一半！

要治理和修复美国近一半的地下蓄水层到底要花费多少资金呢？要替代因水中含毒而死亡的麋鹿、灰熊、浣熊、小鸟、鱼儿和人又需要多少花销呢？

我们的政府为维系垂死行业的最后一口气与为在押囚犯支付报酬已积累起了数万亿美元的债务；而为支撑健康医疗体系，让濒死者再多喘一口气和避免大型药品公司的银行账户缩水又积累起了数万亿美元的债务。但是，与我们为摆脱对石油天然气的依赖以及修复环境破坏而需要付出的代价相比，这些数字只能说是无足轻重。

我觉得我们连想都没有想过这么大的数字！环境一旦遭受破坏，就永远也无法修复。我对此感到很难过。我们正在加速冲向我们的归宿。无论是在环境还是在经济上，因为环境的命运决定着我们的经济命运。如果彻底摧毁我们的环境，就相当于摧毁我们的财富，当你死于晚期癌症的时候，你腰包里的钱财再多也将毫无意义。

罂粟花的温床到底在哪

最后，我们还要讨论另一种已在美国造成严重社会问题的依赖性。相比于世界其他国家，美国是监狱在押犯罪分子的人数占总人口比例相对较高的国家之一，而且这个特殊的群体数量还在继续增加。

我认为吸毒犯罪是造成美国入狱监禁的首要原因。但监禁并未能阻止毒品贸易。如果有人需要毒品，即使他们的中间人已锒铛入狱，但他们还是能找到买进毒品的途径。一批人身处监禁，马上会有另一批人前仆后继。监狱显然不足以遏制吸毒和贩毒，因此，我们只能另寻出路。我建议放弃治标不治本的办法，放开对吸食毒品的管制，而把对源头管理作为控制吸毒贩毒的根本对策。

到底是什么让这些人脱离社会呢？是什么让吸毒者放弃自尊，让贩毒者放弃对他人生命的尊重呢？

我认为，毒品吸食、酗酒、赌博及其他不良嗜好的根源之一就是为了逃避现实。而我们必须反问自己的根本问题就是：我们到底在逃避什么？这种逃避主义行为的泛滥是一个社会缺乏勤奋劳动精神的基本标志和表象。如果生命缺少价值和目标，那么，人们就不会有任何激情，他们的生命将缺乏意义，或者说将丧失平衡。如果我们不能提早建立价值观和目标，我们就会被眼前的兴奋和刺激所蒙蔽。

我们必须为这个社会的某些犯罪行为承担一定的责任，因为作为一个社会，我们却没有创造出一种为人们提供价值观和目标的环境。而这才是解决问题的基本方案。

但这却无法解决目前犯罪人数增加和监禁成本持续上涨的问题。

据 CNNMoney 报道，美国的监禁人口已经超过其他任何国家，目前与此相关的投入已高达 370 亿美元，而且这一成本每天都在增加。美国监狱在押因犯的数量已经从 1985 年的 74.4 万增加至目前的 200 多万，而监禁罪犯们并不工作。联邦法院在 2002 年进行的一次统计表明，有 52% 的被释放因犯在释放后 3 年内再次入狱。

　　我想知道的是，是不是有什么动力刺激他们反复走进监狱。我们不妨设想，如果我被监禁几年，每天有三顿饭，有地方睡觉，有地方洗澡，还可以到医院看病，甚至还可以为了攻读法学学位而到图书馆学习。这听起来似乎根本就达不到治理犯罪的目的。实际上，对于目前还在街道上流浪的几百万人来说，这显然是个不错的选择。可以想象，当这些被监禁罪犯变老的时候，他们就可以享受由纳税人出资提供的免费医疗服务。

　　这显然是一种不可持续的状态。我们必须想方设法打破这种恶性循环，让这些人走出监狱，接受改造，成为对社会有益的人。监狱行业的动机与医疗行业并无二致：一个是想让你得病，另一个则想让你脱离社会。这本身就是一种病态。

第3章
经济危机之真伪面具

一场全球性的经济动荡已经不可避免。西方国家目前的债务水平已经到了不可持续的境地。这场经济震荡将撼动统治当前世界经济的秩序，进而促成一场全球性的经济和社会重建大潮。

每个人都在讨论美元的持续疲软、美国的贸易赤字及其他过度负债国家的危机。很多人都在讨论爆发大规模经济危机的可能性。但却没人认真谈论这场即将到来的危机可能意味着什么。这既是因为讨论这个问题过于血腥，也是因为没人希望会发生这样的事情。

但我坚信，一场全球性的经济动荡已经不可避免。西方国家目前的债务水平已经到了不可持续的境地。这场经济震荡将撼动统治当前世界经济的秩序，进而促成一场全球性的经济和社会重建大潮。我们将对这场造就"世界新秩序"的动荡进行讨论。

问题的根本在于，尽管这场动荡刚刚浮出水面，但是在它真正爆发之前，我们还将继续对它视而不见以回避它所带来的噩梦，甚至自欺欺人地假装一切都将万事如意。这让当权者欣然处之，因为他们当然不希望任何国家的国民了解真相并关注现实。

算清赤字这笔账

美国目前的货币体系源于不稳健的货币。我所说的稳健货币，是以黄金、钯、白银或其他有形商品等硬资产为基础的货币。

美元是一种货币衡量单位，这个衡量单位的基础是标准重量的白银。根据 1792 年的《铸币法案》(*Coinage Act*)，1 美元等于 0.77344 盎司（1 盎司约等于 0.028 千克。——译者注）白银。而后者才是稳健的货币。

如果看看 1800 年到 1941 年这段时间，我们会发现，稳健的货币消除了通货膨胀的存在空间。在此期间，根本就不存在通货膨胀这样的事情。所有商品均以供需规律为基础确定其成本和价格，所有交易均采取以固定标准为基础的货币。市场价格极为稳定。

此外，大多数消费者无需依赖大额个人信贷。他们可以储蓄，量入为出，也可能从银行取得小额信贷，或是与杂货店安排消费信贷限额。由于市场上不存在多余的"不稳健"货币或取得多余信贷的途径，也就不存在储蓄人为通货膨胀的空间，因而，市场上也就不会出现通货膨胀。

1971 年，尼克松总统终结了以稳健货币为基础执行交易的做法。通货膨胀和贸易赤字立即如火箭一般扶摇直上。于是，麦迪逊大道和信用卡公司联手捕捉消费者的心理底线，从而把所有 8 岁以上的美国人都培养成疯狂的消费者，此后，我们便走上了过度消费的不归路。

也正是因此，我才认为，在不解决货币稳健性的前提下讨论经济问题永远是在浪费时间。

有人曾发给我一份电子邮件，为我提供了一个说明稳健货币意义重大的经典示例。根据《圣经》对公元前 450 年到 524 年期间商业活动的记载，你可以用 150 锡克尔（shekel，古希伯来或巴比伦的重量单位，约合半盎司。——译者注）的白银买到一匹马。

我们不妨算一下：将 150 锡克尔按每单位换算 11.5 克白银计算，相当于 1 725 克白银，即 60.85 盎司白银，截至 2010 年 7 月 13 日，白银的价格为每盎司 18.25 美元，将 18.25 美元乘以 60.85，我们就可以按目前美元价值得到 1 110.51 美元。

我知道，你仍然可以按 1 000 美元的价格买到一匹马。因此，我们不妨再思考一下，在记录这笔马匹买卖的 2 500 年之后，从来就没有发生过通货膨胀。这是因为，他们始终采用以固定重量白银为计量标准的稳健货币。

我们不妨再看一个现代的例子。1950 年，你可以按 0.18 美元的价格购买 1 加仑汽油。现在，0.18 美元乘以 0.77344 等于 0.139219，这就相当于以 0.139219 盎司白银购买 1 加仑汽油。2010 年 7 月 13 日，白银的价格为每盎司 18.25 美元。如果我们把 18.25 美元乘以 0.139219，我们就可以得到 2.54 美元。那么，现在 1 加仑的价格到底是多少呢？

由此可见，从 1950 年到 2010 年，如果以白银作为支付对价，那么，汽油的实际价格基本未出现实质性上涨。我认为，如果始终以稳健的货币为计价基础，汽油、牛奶和其他很多产品的成本并不会出现明显变化。唯一变化的是不稳健货币的自身价值，货币的价值之所以发生变化，是因为美元已经不能代表固定重量的贵金属。

这似乎有点让人想不通。如果我们剔除市场上流通的所有多余美元纸币，采用与白银、黄金或其他贵金属按固定比例换算的美元或其他交易单位，那么，我们就可以再次按稳健货币执行交易。

如果采用稳健货币，政府就必须量入为出，要花钱，首先需要口袋里有钱。对于不稳健货币，政府就可以随心所欲地印制钞票，唯一的限制就是：作为对美联储帮我们印刷钞票的回报，政府发行的钞票代表了通货膨胀以及必须偿还给美联储的债务。

你能明白吗？我们必须偿还美联储的债务金额等于美联储发行票据（也就是我们今天的美元）的面值外加利息。

为什么还要加上利息呢？因为美联储帮我们印刷钞票，所以，我们就必须支付利息。

这肯定没有错。但是在我们令世人羡慕的教育体系中，却没有人愿意教我们盘算这些让人心烦意乱的东西。实际上，美国的教育体系似乎是在刻意规避教授我们了解货币和金融体系的知识。当然，这是额外的话题。

任何了解货币供给的人都知道，正是由于这个"外加利息"，使得美国已没有足够的实际美元弥补财政赤字。要理解这个问题，我们不妨看看国债的利息：

1990 年，美国国债的利息总额为 264 852 544 615.90 美元。

2000 年，美国国债的利息总额为 311 997 734 302.36 美元。

2010 年，美国国债的利息总额为 375 247 863 222.70 美元。

部分经济学家认为，按照这一速度，只需几年的时间，美国国债的利息总额便将超过债务本金。

现在，已经不再有人去讨论按当前体系控制财政赤字，因为这已经不再可能。这就相当于我们始终用借债进行交易，并假设永远不需要增加交易金，而且永远不需要偿还原始借款。因此，只要我们还能按时偿还美联储所发行钞票的利息；只要我们还能按时偿还为购买负债而举借的贷款；只要我们还能按时偿还为资助权益计划而举借的贷款……我想你应该明白了。

在了解这一点之后，如果有人对你说美国每天都在赔钱也就不足为奇了。从根本上说，美国已经破产，而且还在继续亏损。只要美国再经营一天，我们就要再继续亏损一天，因为美国每天都要为对其他国家的借款、对美联储的借款以及对子孙后代的借款支付利息。无论是今天、昨天、上个月还是去年，甚至是在过去的 10 年里，美国一直在赤字运行。

显而易见，我们的现状是不可持续的。我觉得我们迟早会看到这种状况在破产大甩卖中走到尽头。美国终将进行大甩卖，以破产方式解决债务问题。美国经济的大部分份额将被世界各地的卖家所收购，我们终将把经济主权拱手让给中国、中东以及俄罗斯，因为他们手里攥着真金白银。

他们的钱是从哪儿来的呢？当然是从我们手里赚来的。

我们每年要掏出 8 000 多亿美元从海外购买石油。现在，这些石油输出国有了钱，而我们有的却只是债务，没剩下任何可以出卖的东西。除非某些不乏创造力的政治家以强制性手段让国家环保署减少内部交易，允许企业开采约塞米蒂和黄石国家公园的天然气，否则，我们的矿产资源必然会不断枯竭。这绝非只是建议，他们正在尝试！

这个问题的根本在于，必须为美国的财政赤字设定新的基本政策。对于目前状况，唯一值得乐观的就是其他大多数国家同样处于困境，因而不会对美国的调整做出激烈反应，因为美国的调整意味着他们同样需要做出调整。我们将在第六章讨论美元暴跌前提下的调整意味着什么。

如果我们把美国看成是一家大公司，那么，美元就是这家公司发行的普通股。如果人们对这家公司信心百倍，而且利好消息持续不断，那么，股票价格就会上涨。现在，我们再考虑公司的负债，如果一家公司积累了大量债务，那么，在股价下跌时，其下跌程度注定低于单纯由负面消息造成的下跌。

这和破产及调整又有什么关系呢？美元价值的变化反映了人们对美国政府的信心。美元不仅是市场以信心为基础而做出的承诺，更代表了政府对市场的承诺。美元贬值这一事实反映了市场对美国政府信心的削弱。它是其他国家对美国政府实力抱有多大信心的反映，也是对美国经济体系抱有多大信心的反映。事实上，我们看到的只是现状而已，而这些问题正在全球舞台展开深化。

美国政府这种毫不负责与挥霍无度的行为已经激怒了这个国家乃至世界各地的数百万民众。我们与邻国的关系已经不再融洽。我们的政府只能反映统治者的价值观，美国人已经深陷于自我放纵的生活方式。因此，我们必须承认，我们遭受的冷眼和怨愤乃是罪有应得，我们必须改变自己。

关税不是救命稻草

美国正在把自己的就业机会拱手让给其他国家，因为我们认为对进口商品动辄课以重税只能导致争端的升级。我们丢失的就业机会主要为生产行业，这些就业岗位已经被转移到生产成本远远低于美国的海外地区。这不难理解。让人们无法理解的是，对进口商品课税并不会让丢失的工作岗位回归故里。它们已经一去不复返。

虽然我自己也不愿意承认现实，但这些失去的就业机会毕竟已经失去了，芯片科研人员、半导体工程师或是物理学家不可能填补这些就业真空。唯一能填补这些空白的就是那些喜欢喝百威啤酒并在傍晚看棒球比赛的普通人。母亲在家庭教师协会就职，父亲在"小联盟"球队做教练。周末，全家人会去教堂，去玩宾戈游戏。这些人就是美国的蓝领阶层。这些就业岗位已经彻底离去，关税并不可能把它们带回来，这就是原因。

但美国工人看着这些曾属于自己的工作岗位不断丧失时却会说："我们希望找回这些工作岗位，但更不愿意丧失我们的福利和养老金。要坚守我们的福利，我们就不可能与墨西哥、菲律宾、中国、孟加拉国或是越南展开竞争。因此，我们就要用关税让他们的产品变得更贵，为我们创造一个公平的竞争舞台。"

我想补充的是，并不是只有美国的中产阶级才会这么说。法国人、意大利人和希腊人也这样说。但没有一个国家会因工资差异而去和墨西哥与越南展开竞争。因为这些国家毕竟不会像美国、法国、希腊或者意大利那样，为工人支付几百万美元的福利。

于是，我们就以关税形式筑起贸易壁垒，保护我们的工业。我承认这是保卫国内产业的重要手段，但是从全球贸易和全球商业的层面上看，只要工人还坚持索取这些成本高昂的福利，那我们根本就不可能真正保护自己。

要了解到底有多少资金转化为社会福利并支付给工人，我们不妨看看图 3.1，该图反映了美国劳工统计局发布的 2010 年国际劳动力对比情况。其中，每小时报酬等于基本工资、福利及其他支付项之和。2006 年，挪威工厂雇主支付给雇员的每小时平均报酬为 41.05 美元，其中，27.54 美元为基本工资，13.51 美元属于福利和其他支付项目。

2006 年制造业生产工人的每小时报酬：基本工资、福利及其他支付项之和

■ 基本工资　□ 福利及其他支付项

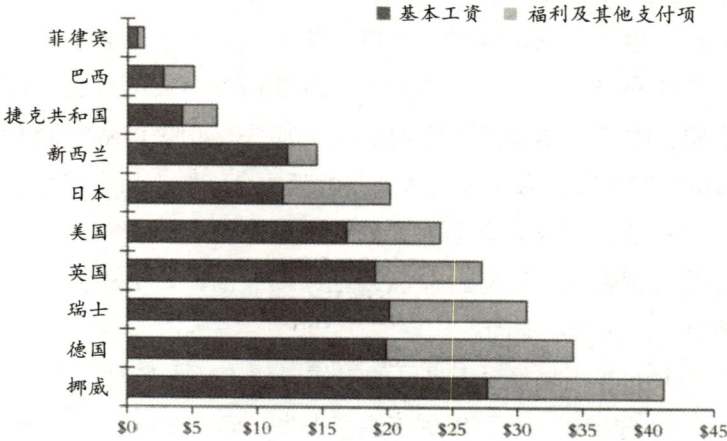

图 3.1　国际劳动力成本对比表

资料来源：美国劳工统计局

　　不妨比较一下菲律宾在同一年度的情况。在菲律宾，工人的每小时平均薪酬为 1.07 美元，其中包括基本工资 0.8 美元，福利及其他收入为 0.27 美元。尽管美国恰好处于整个表格的中央，但我们很容易看到，美国的福利及其他收入在每小时薪酬中占有相当大的比例，2010 年，每小时平均工资为 22.50 美元，其中，18 美元为基本工资，福利及其他收入达到了 5 美元。

　　在全球层面上，企业经营还是要服从适者生存的基本规律。这就意味着，能以最低成本生产和销售产品的企业将成为生存者，而其他企业将成为被吞噬者。虽然关税可以让没落行业苟延残喘，但它们毕竟不能拯救一个缺乏竞争力的企业。

　　我们可以看一个例子。比如说，你在一个农村种植水稻，而其他农村能以相当于你的生产成本的一半生产相同类型的水稻。现在，其他农村将水稻输出到你所在的村子。它们能以低于一半的成本生

产这种水稻，因此，它们的售价也低于你。现在，假设你所在的村子想让这些外来水稻的价格与本村水稻的价格基本接近。于是，你们就开始对这些外来水稻加收费用。

从消费者的角度看，他们显然更希望以最低的价格买到相同的商品。但是现在，所有水稻的价格都基本一致——而且是统一处于较高价位，因此，消费者并不能受益于这种做法。此时，购买本村水稻还是外来水稻，对他们来说已经毫无区别。他们只能依赖于味道、购买便利性、外包装或是习惯等其他因素进行采购。

但这个问题的关键在于：关税迟早会丧失意义，因为它终将会让全球经济限于停滞。

如果你是一个资本家，而且对自由贸易和自由市场为原则的资本主义系统笃信不已。如果你坚信供给必将满足需求的基本市场规律，如果你坚信价格最终必然反映其价值，那么，你就会发现，关税限制和政府管制最终将无功而返。

但是，如果你是一个社会主义者，你希望庞大的政府把一切都纳入其控制之中，那么，关税就会给你带来实现这种控制的幻觉。此外，对于因为永远丧失就业岗位而无法就业的工人来说，关税似乎可以让他们找到发泄愤懑的出气口。

但现实是，市场必须找到属于自己的轨迹和平衡。无论是经济本身还是市场与行业，都要经历一种由诞生到成熟、衰老和消亡的循环。和人一样，这种周期也是经济的自然本性，按照市场供求规律，衰老的行业必然被新的行业所替代。

以关税来弥补竞争劣势只能延缓衰老，拖延不可避免的大趋势。我们不想推迟不可回避的现实，我们也不想在痛苦中苟延残喘。我们需要当机立断并彻底改头换面，只有这样，我们才能疗伤止痛，再度重生。我们不想让我们的工人守着已经永远逝去的工作岗位，在无助的幻想中煎熬。我们不想我们的工人为过时的行业而工作。我们希望以更具活力的新行业吸纳这些工人。我们终归无法阻挡不可避免的潮流，面对即将到来的变革，我们迟早要放弃以关税控制市场的无谓努力，这些新的行业迟早要登堂入室，成为市场的新宠儿。

大企业如何将谎言变成真理

对大公司的不信任情绪正在蔓延和加剧。和政府一样，企业同样希望能青春永驻。他们口口声声说这是为了股东和投资者的利益，这确实值得颂扬，因为投资者毕竟希望自己的投资持续增值。但要做到这一点，企业就必须盈利。因此，他们开始刻意掩盖可能影响其利润的任何问题。他们只对媒体透露好消息，支持代表自身利益的政治家，慷慨奖励对外界隐瞒真相的公司高管。于是，股东乐此不疲地拿着红利，每个人都其乐融融。

但这只能存在于人们彻底揭露这些企业在浑水摸鱼以及人和动物还没有因为他们肆意污染而丧命之前。人们最终会发现，安全管理规定在很多生产现场已成为耳旁风，直到油井爆炸，人员伤亡，整个生态系统遭到致命威胁。此时，股东及其他人愤怒不已，因为他们根本就不知道这些公司为创造红利而给社会带来破坏。

那么，这些大企业怎么能把谎言变成真理，并以此恫吓我们呢？

我们必须认识到，所有人都可以划分为两类：要么属于极少数经济精英，要么属于绝大多数像我们这样的非经济精英。非经济精英无足轻重，因为我们只是普普通通的一群人、动物、海洋或是物质，我们都是不值得重视的平凡事物。

由于全球层面的财富分配不均日趋加重，以此，企业也越来越受制于这个拥有雄厚资金实力的少数派。这个对经济拥有强大影响力的少数派几乎拥有无限的力量。尽管他们不是被选举的执政者，但他们却可以控制被选举的执政者。他们没有法律地位，但他们对近期美国最高法院允许企业可对选举活动无限捐赠的判定施加了重大影响。他们不是被雇佣的游说者，但他们可以雇用游说者。他们虽然不需对任何人负责，但却拥有美国最大的 10 家媒体企业，并掌控了 3.09 亿美国人的口舌。他们拥有的跨国公司不仅可以无限制的维护其既得利益，而且还能在全球范围内施加控制和影响。

我很想知道，这些大企业到底对最高法院施加了什么样的压力，居然能让他们一改初衷，取消对政治选举活动的捐赠限额。我更想知道，为什么在写成法典并且在国家电视台的正点新闻宣布之后，我们才得知改变判决的消息。是谁在什么时候最早提出这样的调整呢？这个调整又是怎样在没有做出任何公告的情况下被提交美国最高法院的呢？具体的讨论过程是怎样的呢？谁是这项提议的支持者，谁又是否定者呢？这些消息本应是被公之于众的！这样的法律改革无异于引狼入室，而这只狼还在若无其事地大声说："本来就该这样。"

这就是经济精英的幕后巨大威力，也是他们所掌控企业的长项。在这些强大的游说者推动下，美国政府最终废弃了对"水力压裂法"的限制，而这直接导致对近一半的地下蓄水层遭到破坏。这些企业开始变得肆无忌惮，无限贪婪，为了扩张势力范围，他们不惜任何代价，随心所欲地凌驾于制度之上，无休无止地糟蹋环境。

一旦被媒体发觉，他们就会对自己一手酿成的问题轻描淡写，并调用自己的影响力去引导政客，用手中掌握的媒体美化自己，给自己戴上一个善良而优美的假面具，或是干脆彻底掩埋事实的真相。诚然，有些人可能会因食物中含有杀虫剂而致癌，有些房屋可能会因下水道充满天然气而爆炸，几百种水下生物可能会因无法适应我们一手造就的酸性海水而灭种，但是与这些庞然大物相比，它们毕竟只是地球雷达上区区的几个斑点而已。只要这些大公司还能赚钱，他们的股东还得拿到股利，其他人就只能听之任之。而听之任之的后果，就是全球癌症病例的增加以及医疗卫生行业的复杂化。

除了出于自身盈利目的而盘剥资源之外，很多跨国公司还在剥削工人，并口口声声地说，他们是在改善这些工人的生活质量，尤其是第三世界国家的劳动者。从某种程度上说，这确实是事实，但是换一个角度，我认为这只是他们颠倒黑白以为他们盘剥资源和劳动者而寻找的借口。

在法国或者德国，让 8 岁的孩子生活在纺织厂里制作运动鞋绝对是不公平的，也是不允许的，但在菲律宾却可以这样做，这难道就公平吗？到底怎样才算公平呢？如果把这些孩子的父母召集到一起，让他们探讨一下用一部分孩子的血汗去换取另一部分孩子的快乐，他们会怎样定义这个公平的含义呢？现实很残酷：8 岁的菲律宾孩子和他们的父母会对雇主赐给他们一份收入而心存感激，因为他们的家庭需要这笔收入来填饱肚子。但这就公平吗？

在这里，我们必须要提出的问题就是：企业是不是我们的敌人？

如果企业的所作所为确实是在为股东谋取利润而违背社会公德，那么，他们就是敌人。我认为，不道德的企业或许就是我们的敌人（至少是我们的敌人之一），但我也相信，这些不道德企业不过是那些经济精英在幕后操纵全球经济的工具和载体。

要了解美国的这个精英阶层并不困难，《华尔街日报》和《纽约时报》的专业记者经常会把他们的故事发表于 ProPublica.org。

我们必须制止这些大公司。我们必须对这些强势企业采取措施，迫使他们停止不可持续的做法。

要实现独立自主与可持续性的生活方式，就离不开强大的社会行为。最重要的是，我们每个人都必须走出安乐窝，采取切实有效的行动。或许可以给某位国会议员写一封信，或是给当地报纸的主编写一封信，或是去市政厅履行自己的公民职责，行使言论自由权。

挑选一项公民活动，让自己参与进去。我们必须以民众的崛起去撼动这个大企业和经济精英的俱乐部。我们需要全世界被激怒的觉醒公民呼吁政府停止对不道德企业的救助行为，我们必须削弱不道德企业控制政府和毁灭地球的能力。这也是我祈求这个"世界新秩序"必须以强大而有效的政策去防止这种金融压力重生的原因。

"美国梦"已成噩梦

我们所创造的企业模式旨在追求所谓的"美国梦"。但人们现在已经认识到，在追寻这个幻想的过程中，我们却造就了一个丧失功能的经济体系和自我放纵的社会，它让很多人怨愤不满，过着严重失衡的生活。实际上，很多人发现，"美国梦"已成噩梦。

构成美国当今人口主体的这一代人——当然也是选举当前执政者的一代人，已隔绝于世界其他国家每天都要面对的挑战。我们是在不可思议的富庶环境中成长起来的，我们已经习惯于衣食无忧的生活，我们已经忘记了每天为饭桌上的食物而奋力工作的苦楚。

我们西方人把 80% 的时间花在赚取利润上，认为我们迟早有一天能赚到足够的钱财，留下时间去钓鱼和养鱼。相比之下，第三世界的公民则把 80% 的时间花在种田和打鱼上。

今天，我们必须面对生活方式以及对未来预期的重大变化。尽管很多人已经做好了迎接变化的准备，但还是有很多人担心，通往美好未来的路上将艰险重重。不过，我们还是看到，社会意识正在酝酿巨大变革，这无疑会给我们带来希望。

随着人们越来越深刻地认识到社会发展重点已呈现非理性的失衡，美国及其他西方国家的社会安定状况正在不断恶化。在美国，这种社会失衡最终将造成动荡，甚至会带来美国的社会更替。新的全球性制度强调全球型居民，并坚持人类共享一个地球的宗旨。

在 20 世纪 60 年代末，美国向外太空发射了"阿波罗"号航天飞机，并成功地把太空图片发回地球。人类首次看到我们居住的家园，我们第一次开始把整个地球看成同一个世界。它是如此令人震撼，让人窒息，让我们叹为观止。人类第一次清晰地看到，我们原来同居一个世界，同享一片海洋，共同呼吸一个大气层。那时，我们才恍然大悟：原来地球上的所有生物都相辅相成，相互依赖。今天，我们依旧需要回归这个共有的家园，追求共同的未来。

奢侈与贪婪的代价

其他国家的居民对美国人深恶痛绝，因为他们认为美国仅拥有全球人口的很小一部分，但却消耗了很大一部分全球资源。其他国家居民痛恨美国人以牺牲他人幸福为代价而换来的奢侈与贪婪。

他们憎恨生活在美国的人，因为我们正在把自己的文化输出给其他国家，让这些国家的年轻人接受美国的电影、书籍和音乐，向他们灌输美国消费文化的真谛——冲动性消费。这些国家的年轻一代正在沉迷于唾手可得的毒品、毫无责任感的性欲以及现时的满足感。这种生活方式吸引着无数人，尤其对于那些从来只在温饱线上度日的人们来说，这将让他们无从抵抗。

和所有毒品一样，尽管瞬间的满足会令人心舒气爽，但它的代价同样高昂。随着很多国家的居民目睹年轻一代深陷西方世界放纵而腐朽的生活方式，看到自己的孩子离开农田，到灯红酒绿、充满诱惑的大城市寻求发展空间，他们对美国人也积累起越来越多的愤怒和怨恨。

但有趣的是，也正是这些不够西化、教育水平不高的国家，在即将到来的变革面前，反而比美国、欧洲或其他西方国家的居民更为平静和豁达。在很大程度上，他们的生活变化将极为有限。他们依旧会把80%的时间用在耕种和打鱼以养活自己的家庭上。即便是对美国的穷人，他们的日常生活也不会有什么实质性变化。他们仍将是美国的穷人。只有那些全身心追求这个所谓"美国梦"的美国人，才会发现自己的世界已经支离破碎，阴阳颠倒。

皈依"真正的信仰"

宗教领袖往往以身边的问题作为其宗教信仰的基石。问题是什么并不重要，因为宗教领袖总能找到让他们独善其身的方法。很多人把创造社会阶层与加剧社会差距当做自己的本职，并以此巩固自己的权力基础，由此，宗教信仰也开始变得越来越趋于极端化，而不同信仰人群之间的不信任也就如野火般迅速蔓延开来。

宗教的一个根本特征在于：大多数信仰以神话传说为基础，凸显不同文化的神奇和魔力。每一种宗教信仰都认为自己手中掌握的真理是唯一的。有些宗教恐怖血腥，有些直指现实弊端，但所有宗教都无一例外地坚信，它们有权让自己的信仰恒久致远。

我们必须克服这种错误倾向。我们决不能受制于政治权力、宗教势力、真人秀主持人或是知名人物的影响。我们必须想自己所想，为自己而想，尊重现实，而不是屈服于传说。我们决不能因为有些人说我们应该放弃权力就把本应属于自己的权力赠给他们。

如果说信仰宗教就意味着我们必须盲目地追求我们的领袖，那么，这样的宗教显然于我们不利。如果我们的宗教不能酿造激情，如果它不能赋予所有生命以激情，那么，我们就应该彻底抛弃这样的宗教。我们信仰的宗教应该尊重所有生命，这不仅仅只包括人类，而是这个星球上的一切生命。

第4章
"新世界秩序"的忧思

　　我们必须意识到，我们所拒绝的东西已经摆在我们面前，这是不可逆转的现实。越是拒绝这些变化，我们的挣扎就会变得越来越艰难；越是担心自己缺少的东西，我们缺少的东西就会越多。

人总是忧患于未知世界。他们害怕变化，尤其是在变化超脱于他们的控制并剥脱其权力范围时更是如此。在即将到来的经济和社会转型过程中，很多控制权都将易手。政治家、宗教领袖、商界领袖和金融巨鳄都将对权力和经济力量的丧失而忧心忡忡。他们已感觉到即将到来的变革大潮，并为此忐忑不安。

为维护现有的权力，这些执掌权势者煞费苦心地去创造一种变幻莫测、充满困扰的不确定性环境，以此扰乱人们的注意力，这样，人们不得不忙于识别瞬息万变的环境，每天为了寻求生存而拼争，以至于人们根本就注意不到，他们的领袖们正在不遗余力地夺取权力和控制权。

这些领袖总会竭尽脑汁地恐吓人们。他们把"新世界秩序"描绘成一种法西斯式的统治状态：一大群身穿制服和反恐装备的人手执催泪弹和警棍，乘坐着配备火力的汽车，将平民百姓驱赶到一起，并以"思想罪"的名义对他们实施迫害。

他们把"新世界秩序"描绘成一个少数人以铁腕残酷压榨大多数人的社会状态，他们会努力让人们联系起二战时期的意大利，他们会竭尽所能地威吓人们继续把手中的权力交给他们，让人们心无旁骛地去信任他们。

很多人将会这样做：他们将继续屈服于这种由别人假想的灾难，他们将祈求自己的领袖拯救他们水深火热的未来。而这恰恰是领袖们最愿意看到的结果。于是，他们会继续不遗余力地说服自己的臣民：

时光将会倒流，我们将重回曾经熟悉的秩序。

但这根本就不可能。很多信仰已经支离破碎，不复存在。很多错误已经变成事实。很多人已对自己的领袖怒不可遏，毫不信任。变革的机会已经成熟，变革已经不可忽视。一切挽救措施为时已晚。

这些领袖们还将煞费苦心地去颠覆一切可能危及其绝对权威的人和物。正直的领导者会受到玷污、羞辱和诽谤。平民的奋斗将遭到嘲讽、分化和威胁。政治制度将愈加地严酷，让人们越来越难将问题诉诸公投或是让更多的人参与到民选过程当中。媒体将混淆是非，大量制造烟幕弹，干扰民众的注意力，并以此让人们忽略当权者的幕后黑手。

恐惧感将驱使很多人采取通常情况下不会采取的极端手段。这样的局势或许不可避免。恐惧是一种极其强大的情感力量，因为它恰恰能吸引人们去关注那些他们最害怕的东西。也正是因为这样，我才更愿意把即将发生的变化看做是我们的世界实现自我调整与自我完善的机会。

我认为这个世界不可能演化为法西斯式的状态。我们已不再生活在一个各国之间彼此孤立的世界。全球各地的人也不再相互隔绝，更不可能对这个世界的运行方式视而不见。

诚然，这个世界还会有像朝鲜这样让所有居民对政府政策和主流意识形态言听计从的国家，但是在更多的国家，人们将通过互联网和移动电话相互联系与融合，信息就像深入干土中的水一样，缓缓渗透，无处不在。

我认为人们的确没有必要为未来而担心。但我确实认为，人们必须更加聪明和警觉，并开始为自己着想。对很多人群尤其是生活在西方文化中的人来说，这将是一个无比巨大的挑战，因为我们已经被诱惑，沉迷于自我陶醉，丧失了很多生存技能。我们必须摆脱自我陶醉，在变革到来时去积极地塑造未来。

无处不在的熵

变化往往是令人愉悦的，而且很多变化都是有益的。水通过蒸发变成云。云飘浮在天上，并转化为雨水滴落到地面。吸纳雨水的土壤再把干瘪的种子变成植物。因此，变化或许是非常有益的事情。

今天，这个星球上的很多系统均已经达到了这样的复杂程度：它们已不再具有可持续性。它们在混乱喧嚣中濒临瘫痪，它们很快就将达到变革的临界点。有些体系将变成更优雅别致和更具可持续性的系统。有些系统则将彻底崩溃，永无重生的机会。这是所有封闭型系统的自然规律，这种自然的生命周期即称为"熵"。

简单地说，熵就是衡量封闭系统中混乱程度和随机性的单位。这个热动力学概念描述了一个封闭系统因内部要素过于复杂而无法为系统所容，从而导致系统结构崩溃的方式和原因。

熵是一个线性量度。它要么维持不变，要么持续增加。我们可以把熵看做是一只表。一旦系统的混乱程度和随机性达到一定程度，它就会分裂，并重组为另一种形式的系统。在达到特定的临界点之后，熵的力量就会变得不可逆转。在最终达到引爆点时，系统就会分裂，并重组为另一种形式。在这里，我们不妨引用鲍里斯·平斯克（Boris Pinsker）的话："你可以把一只海鲜变成海鲜汤，但却无法把海鲜汤变回水族生物。"

历史从来就不缺少诠释封闭系统混乱性与随机性不断加速增长并最终带来文化与政治变革的例证。在 1789 年的法国大革命中，巴士底狱被摧毁，皇室家族被送上了断头台。在不到 3 年的时间里，统治法国几个世纪的君主制即成为历史，沉浮的阶级概念和传统被开明的人权与自治原则所取代。1773 年，一场针对英国对殖民地课税的分歧导致波士顿港的茶叶贸易彻底崩溃，并由此拉开美国掀起反抗英国殖民统治、追求独立和创建美国的序幕。

随着各国政府和经济结构的随意性和复杂性不断加速，熵的作用过程开始显现于全球范围。由于全球体系的关联性日趋密切,因此,任何一个压力点都可能触发多个封闭体系的崩溃。近期的希腊债务危机就是一个这样的压力点。庞大的美国国债同样不能例外,它影响着全世界的货币与市场。而当前正在发生作用的熵变过程则是美元贬值。

我们正面对着全球经济中熵变加速的现状,它终将把海鲜变成海鲜汤。这也是我们讨论美元暴跌时最关心的事情。当前封闭型经济体系的不稳定性终将导致其彻底不可持续,我们终将看到这个体系的彻底崩溃。而这无疑将引发一场全球经济秩序的结构性重组。但是,这个分崩离析的重组过程未必是坏事,因为即便你吃不到海鲜,至少还可以品尝到海鲜汤。

关上过去的门

那些能熬过未来变革的人注定将是那些不为畏惧所困的人。在美国,大多数人的愤怒源于他们的畏惧心理。美国人担心丧失他们曾经为之奋斗的一切,担心他们对生命历程的所有信仰会随着财富的萎缩而消逝。所有这些担心都不无道理。

对于何谓是非对错、何谓公正公平以及哪些传统值得我们延续给下一代的很多观念是正确的。有些信念将帮助我们走向未来的成功,而其他信念则需要随着时间的流逝而褪去,因为在新的现实面前,它们将毫无意义。任何信仰都必须接受实践的检验,只有它们符合时代的需要时才能成为真理。因此,我们必须用实践检验自己的信仰,服从并适应现实。

这些信仰到底从何而来呢?每个人都会或多或少地继承一些信仰。我们都要根据亲身经历去调整自己的信仰。父母不仅会把自己的体质和心理特性遗传给子女,也会把他们的信仰传递给子女。尽管父母总是把他们认为能帮助儿女生存的信仰传给自己的孩子,但他们毕竟只是从自身的经历与具体环境出发来领悟这些信仰的。

我们必须认识到，游戏已改变，那些陈旧的信仰或许已不再有任何意义。我们必须撇弃固有信仰，毫无偏见地对新的现实做出客观评判，因为它毕竟是我们从未经历过的现实。

我们不妨看一个例子。

有一个村子，父母都要告诫自己的孩子不要到河边玩耍，因为他可能会不小心掉进河里，而且河里还有鳄鱼。于是，孩子从不靠近河边。在这个告诫被传递了五代人之后，河水干涸，河床变成灰尘弥漫的峡谷。但有关这条河流与鳄鱼的训诫已成为整个村子的传统，因此，后代人始终对走近河边就是危险的说法笃信不已。后来，村子断了水。但这个被代代相传的告诫是如此的强大，以至于没有人敢于靠近河边。没人知道河水已干涸。这个有关河水危险的信仰已根深蒂固，以至于没有人能改变它，最终，整个村庄因为缺水而消失。

这就是文化传统演变的方式，也是战争会延续几代人的原因。信仰的威力无比巨大，以至于它们可以超越人类的常识和生存本能。它们的影响无处不在，以至于它们会让你深陷于其中而难以自拔，甚至会让你甘愿付出生命的代价。此时此刻，我敢保证，在这个世界上的每一个人群中，它们所崇尚的某些信仰都将遭遇挑战。

很多人对他们的信仰深信不疑，以至于他们会拒不接受异己的观点和意见。他们根本就看不到别样的出路和方案。因此，我们总是一如既往地做同样的事情，唯一的理由，就是它们曾在以往的环境下发挥过作用。现在，当我们再做同样的尝试时，我们可能会得到相同的结果，但我们在应对完全不同的环境时，这样的解决方案或许根本就行不通。但我们还是无法摆脱旧有的信念，并就此改变自己的行为。

尽管我们的很多信仰已失去意义，但我们还是在购买自己根本就负担不起的汽车，购买自己根本就无力承担的房子，他们会花掉400 美元去买一个鳄鱼皮手提包，用 3 000 美元为自己买一套时装。我们一直痴迷于自己的信仰，就像吸毒者一样，我们从不想放弃自己的嗜好，而且我们也从不想承认自己已经嗜毒成瘾。

大多数酗酒者都会给你一个说得过去的答案。饮酒者永远不愿意承认自己有酗酒的嗜好。他们可能会每天都在喝酒，眼前发黑，直至生病，但他们还是会继续否认自己已嗜酒成瘾。对于处在这种否认现实状态中的酗酒者来说，最简单的事情无疑就是嫁祸于人，把交通事故、关系恶化和失业的责任推卸给别人。酗酒者永远没有错。

很多美国人仍不接受已经失去工作、经济正在变化以及全球社会结构正在飞速演进的现实。很多美国人不想承认，我们已成为了破坏这个星球的罪魁祸首。这也是我们指责领导者的原因所在。因为我们总是在指手画脚地说，问题是别人造成的，而不是我们自己。但恰恰是我们自己把我们的领导者推上指挥台，把权力交给他们。

我们的领导者确实也反映了我们的意志，因此，在指责领导者的行为时，我们也要接受自己应该承担的责任，是我们首先把他们推上领导者的座椅，他们只不过是在反映我们的信仰而已。这就是我们必须心甘情愿地检验自身信仰，甘愿接受新信仰的原因，尽管弃旧纳新可能会让我们感到心神不定。

政府真的能强大而永不倒下吗

今天，政府尤其是美国政府总希望我们每个人都相信：他们无比强大，以至于永不会倒下，他们的当权地位将恒久不易，他们将无可争议，他们将永存不灭。他们希望为自己树碑立传，让这种幻想成为永恒。但是，就像来微风和潮水有来自有去，所有政府也不会千秋万代。所有政府和帝国都是在其他政府和帝国的基础上发展而来的，他们推翻旧政府，建立新政府，然后又以同样的方式被更新的政府所取代。

就总体而言，政府最关注的就是自身的生存。他们已经让自己和自己的臣民相信，在任何情况下，他们都有权让自己的统治永无止境，然后，他们又以此来指导自己的行为。我们可以在很多启示录式电影中体味到这种思想。我们还会注意到，为保证政治领袖的安全，让搭载"第一家庭"的"空军一号"平稳离地，我们可以采取极端措施。这个现实的基础就是我们必须不惜一切代价来保护这个权力中心。

这个错误观念曾无数次地在历史中扮演主角。在统治阶层、统治家族或者政府机构受到威胁时，他们就会竭尽所能去逃避，这样，当威胁消失时，他们就可以重登舞台，恢复昔日的权力地位。

比如说，1979 年，在经历了 38 年的统治之后，伊斯兰革命迫使伊朗末代国王穆罕默德·礼萨·巴列维携数十亿美元巨款逃离伊朗。在伊斯兰共和国成立之后，巴列维四处游荡，在多个国家寻求避难和医疗，而伊斯兰共和国则以引渡条例抓捕巴列维，决心将其捉拿回国接受审判。这也彻底断绝了巴列维重掌权位的所有幻想。1980 年，巴列维病死于埃及，被葬于开罗。

更早一点的例子还有罗曼诺夫王朝，作为沙俄帝国的最后一个王朝，它在经历了对俄罗斯长达一个世纪的统治之后，最终在"二月革命"中被彻底推翻。沙俄皇帝尼古拉二世携带家眷和大量珠宝逃往西伯利亚。在被捉获之后，末代沙皇尼古拉·罗曼诺夫被囚禁在亚历山大宫。1918 年 7 月 16 日，他们被告知接受拍照，以此向全体人民表明：沙皇一家依旧健在，直到此时，尼古拉二世及其家人还坚信他们对世界所具有的价值，或许有一天，他们仍有可能重掌权位。但是，布尔什维克闯进官邸，杀死了尼古拉二世及其直系亲属，一同被处决的还有四个仆人。

尽管他们的统治已寿终正寝，但巴列维和罗曼诺夫家族依旧在为生存而挣扎。因此，和所有启示录式电影及历史事例一样，我们同样可以预见到，我们的领袖们也会为了生存和重掌权位而挣扎。

我认为，随着整个世界进入全球化政府的大趋势——世界新秩序正在酝酿形成，每一个国家的政府都会产生不同程度的担忧。他们担心自己的国家会因此而消失，担心自己的权威会就此而消亡。

今天，很多领导者都已经感觉到不祥之兆。他们发觉现状已难以为继。很多人在垂死挣扎，他们为自己筹划好逃离灾难的计划，拼命地为自己的海外账户揽到更多的黑钱，即便是在他们的救命船已驶离码头时，他们还在大言不惭地撒谎。

凭什么说"快乐起来，不要担心"

对于"不要担心，快乐起来"这样一个尽人皆知的警告，每个国家都有自己不同的版本。他们的政治领导人会告诉自己的臣民不要惊慌，一切都尽在控制之中。他们会告诉人们保持镇定，衰退的经济正在复苏，形势即将好转。这些领导者们似乎以为，说到就能做到。但事实却并非如此。任何空话都不可能阻止甚至是延缓全球经济的根本性重组。

尽管大多数政治领袖并不知道应该如何处理我们面对的重大问题，但他们知道，自己的人民希望他们知道答案，而且希望能把这个答案付诸实践。于是，他们只能抓耳挠腮，犹豫不决。但他们煞费苦心，故作镇静，以含混不清的演说、空洞无物的承诺和虚假荒谬的担保去安抚人民。

在美国，一些最杰出的领导者甚至一生都在拖延和推诿，与此同时，他们依旧能在媒体镜头面前谈笑风生，笑意绵绵。墨西哥海湾漏油事件让人心痛，但他们依旧能找到沆瀣一气的媒体。他们说："我打算到油污前面拍摄一次电视采访，我准备挽起袖子，大干一场。"他们还会说："我们的美元遇到了麻烦，我准备开一次记者招待会，介绍一下我们组建委员会的计划，此外，我还要告诉大家，我们正在忙于金融改革和金融监管。"但他们的自言自语实际就是在告诉我们："尽管基本上什么也没有做，但我还是要让大家感觉我很忙。"记者招待会之后，他们马上会召集亲信好友去打高尔夫球。

他们会乐此不疲地在电视节目上为此争论不休。他们道貌岸然地指责贪污腐败，实际上只是为了分散我们的注意力，他们甚至用性丑闻混淆视听，实际却只为了博得一笑。他们还会把矛盾直指对立党派，唆使媒体转移目标，指桑骂槐，让美国人去关注一切不应该关注的东西，让美国人忽略现时的经济困境及其根源——美国政府在用别人的钱，而且是永远也没有希望还清的钱——而选择毫无责任心地消费。

为了让自己看似忙得不可开交，美国的政治领袖们要组建各种各样的委员会，去研究各种各样的问题，然后，他们再不动声色地取消这些委员会，以至于人们甚至没意识到它们曾经存在过。于是，这些委员会就可以顺理成章地从游说者手中接受贿赂，关起大门，闭门造车，写出行贿者需要的报告，最后，他们再杜撰一个冠冕堂皇、名称悦耳的法案，而这些法案在参众两院蒙混过关的时候，他们还在"为了细节而冥思苦想"。

他们会告诉大家，政府正在采取积极措施支持美元币值，让美元重新坚挺。他们还会告诉大家，他们拥有强大的政策。但他们的一举一动却并没有让我们看到丝毫的效果。在过去 30 年里，美元已贬值 97%。摆在我们面前的现实是，美国政府希望美元不断疲软，因为这也是唯一能让美国在与越南这样的国家争夺就业的竞争中平起平坐的办法。

熵的作用在美国的诸多体系中展露无遗。这些系统涉及美元的疲软、对环境不负责任的破坏、对石油的依赖以及健康医疗体系失控等一系列悬而未决的问题。这些趋势已经显而易见，而且马上将走到尽头。

美国的历史已经不可维系。中国人很清楚这一点，孟加拉国也知道这些，越南人更加了解，即便是生活在菲律宾群岛的人也知道。但仅仅了解这些并没有什么意义，因为我们必须意识到，在这个世界上，还没有几个国家真正拥有健康有效的经济发展模式。希腊、西班牙、意大利、法国、爱尔兰、英国、葡萄牙和美国都已经深陷危机。无论是共产主义、资本主义、民主主义、自由主义，抑或是这些制度的结合体都无济于事。所有这些体系都无法解决当前面临的危机，因而必须予以撇弃。我们需要一个新型的政府，一个能彻底摆脱历史束缚和传统桎梏的政府。

7 000 亿救济金到底去了哪

面对美国人民的恐惧，美国政府凭空抢走了纳税人的 7 000 亿美元，杜撰出了一揽子经济刺激计划，他们一厢情愿地以为，这可以为美国人创造出更多的就业机会。但现实却事与愿违。唯一真正受益的部门就是政府，这个经济刺激计划为政府创造了大量的工作岗位，而其中的很多岗位不过是暂时性的统计工作。

为了做到不偏不倚，我们可以登录 www.recovery.gov 看看政府对这些经济刺激资金的花费方式是怎样说的。首先，我们的政府为创建这个网站花费了 1 000 万美元，据说这是为了监督资金使用情况，为公众充分提供相关信息，我确实不敢相信信息是否可靠，但成本却是实实在在的！我曾经认为，在 2000 年的互联网泡沫破裂之后，唯一能获得此类资金的就是宠物网站 pets.com 的开发者。

根据该网站所示的图 4.1 提供的数据，在政府从纳税人口袋拿走的全部 7 870 亿美元救助资金中，约 5 290 亿美元已被花掉。

在接受资金最多的被救助人名单中，5 个州的政府赫然在列。显然，在得到纳税人的"慷慨解囊"之后，这些州也成为最早的受益者。当然，这样的好事也少不了私营部门的某些大人物。

　　如果想再深挖掘一点，我们还可以到美国农业部的网站上看看。我发现，一部分以贷款形式提供给农业企业的资金仅仅是为了留住现有雇员或是增加雇员人数。一家公司获得了 800 万美元贷款用于扩大温室生产，并因此而雇用 43 人，这还算不错。还有一家酿造厂获得了 300 万美元用于债务重组并维持 9 个就业岗位。这样，他们逃脱了破产的命运。也就是说，这 1 100 万美元换来的是 52 个就业岗位，你可以算算这到底值不值得。

《2009 年美国复苏与再投资法案》：7 870 亿美元的分配情况

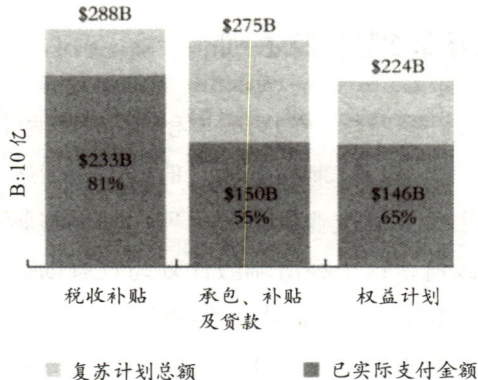

图 4.1　经济刺激计划的开支情况

资料来源：www.recovery.gov，美国财政部及联邦支付机构的资金及活动报告（版权所有）

　　该网站未提及去向的资金尚有 2 780 亿美元。就算其中的部分资金被用于救助濒临破产的企业，但也不应该只字不提呀？恐怕想知道这笔账的人不只有我一个人吧？

　　尽管我们无从知晓全部刺激资金的去向，但至少还知道全部美国债务的简单构成。目前，美国的债务总额约为 136 万亿美元，具体可以划分为如下几个部分：

正式发行的国债为 13.1 万亿美元（由 3 亿美国公民分担，相当于我们每个人承担 43 524.05 美元）。

社会保险、健康医疗、政府养老金等目前尚无资金来源的联邦政府债务为 107.8 万亿美元。

美国联邦政府的赤字为 1.6 万亿美元。

未来 10 年内形成的预期赤字累计约为 9 万亿美元。

对国外投资者的负债约为 3.5 万亿美元。

医疗改革额外带来的负债为 1 万亿美元

以上负债合计 136 万亿美元，或者说，对每一个美国国民，不管男女老少，都要承担 453 000 美元的负债。根据美国财政部提供的截止至 2005 年 5 月的数据，美国的官方国债为 7 782 816 546 352 美元。到 2008 年 1 月，这个数字达到了 9 193 222 137 000，但就在两年之后，这个数字就几乎翻了一倍，达到 13 452 058 496 388.20。

但这还不是全部。同样根据美国财政部截止至 2005 年 5 月的数据可知，我们的全部负债为 53.6 万亿美元。到 2009 年 2 月，《每日全球网络》（*WorldNetDaily*）在线杂志给出的数字为 65.5 万亿，这已经超过当时的全球国民生产总值。2009 年 5 月，《今日美国》（*USA Today*）披露了对美国债务总额的分析结论：美国个人及联邦政府的负债总额为 63.8 万亿美元，相当于每个美国家庭承担 668 621 美元。到了现在，我们的债务总额则变成了 136 万亿美元，这足足比 5 年前增加了一倍多。因此，我们对这种债务危机不可持续的恐惧绝非没有理由。

联邦政府的又一次闹剧

从银行业到汽车制造业和抵押贷款行业，从医疗健康到助学代贷款计划，我们无不看到政府掠夺财富和权力的疯狂，这不禁让我们想起 17 世纪的美国西部拓荒时代，政府就像寻找复活节彩蛋一样，搜刮抢夺着每一寸土地。

这多少有点让人啼笑皆非。19 世纪 20 年代，我们曾不遗余力地打击"红色势力"。我们绞尽脑汁地诋毁诽谤共产主义制度和其他一切政府的所有制体制。进入 20 世纪 50 年代，麦卡锡听证会又凭借谣言与毫无根据的证据诬陷几百名美国公民涉嫌勾结共产主义势力，这彻底毁掉了他们的正常生活。但是到了今天，也就是 2010 年，我们的政府居然也开始对美国工业实施大规模的国有化改造。

政府接管通用汽车公司和克莱斯勒公司让我们目睹了汽车行业国有化的历程。尽管政府声称，他们一直在尽可能地维持通用汽车的私营性质，但我真不知道这场闹剧到底将如何收场。米歇尔·马尔金（Michelle Malkin）在《腐败文化》（*Culture of Corruption*）一书中指出，让这场危机雪上加霜的，是现任政府为保障"公平牺牲"而终止了本田在美国境内的所有经销业务，这一做法是草率的，它将几千名美国劳动力抛入失业的苦海。

而政府对金融业的接管则是系统性的，我们已经看到，联邦政府已陆续收购花旗集团、贝尔斯登、华盛顿共同基金、美国国际集团、房利美和房地美以及其他一大批陷入危机的金融机构。与此同时，联邦政府甚至还接管了助学贷款计划。

在复活节周末，国会又以微弱优势勉强通过医疗改革法案。随后，最高法院批准公司可以对政治选举活动进行无限制的捐赠，而国家环保署则把解决水资源供给的钥匙交给了天然气公司。

真不知道这到底是怎么了！

政府接管这些大型汽车制造商是因为它们吸纳了大量的劳动力。但这些正在生产汽车的工作和就业人群并没有为美国创造利润。整个行业已经丧失了存在的价值。它之所以无法盈利的根源在于工会。汽车业向工会成员提供可观的福利，生产的却是标准产品。政府为维持这个行业的生存而花费了数十亿美元（因为工会不仅是政治选举的赞助人,更是不可忽视的集体投票人),今天,美国的纳税人正在养活一个不可持续的行业。

原因何在呢?政府或许会说这是为了保护就业,但事实却并非如此。任何手段都无法维持这些就业岗位。汽车业的就业机会注定会消失,因为这个行业本身就已经陈腐落后,毫无竞争力。因此,我认为另有原因。在我看来,联邦政府救助三大汽车制造公司是出于以下三个原因:

> 首先,他们之所以这样做,是出于美国人固有的自豪感。他们对三大汽车公司出手相救,是为了制造美国依旧是全球汽车制造业顶梁柱这样一种假象。但这样的局面早在 30 年之前即已不复存在,尽管我本人对此也感到难过,但事实毕竟是事实;
>
> 其次,他们屈服于工会维持其养老金的压力;
>
> 第三,他觉得政府之所以这么做,是因为这些公司 CEO 的哀鸣确实动人。

这些原因显然缺乏经济意义。在 2010 年上任的新一届政府中,所有关键成员均无从商经历,因此,他们根本就不明白,按照一种健康而合理的经营战略,就必须让丧失生存理由的企业自行破产,用留出的时间和劳动力去生产这个世界更需要的东西。只有这样,我们才能创造出新的行业、新的就业岗位和新的出口产品。

现在,我们再来看看银行业。我们的金融业一方面在不遗余力地刺激没有赢家的投资策略,另一方面还在蓄意推行拙劣低效的财务管理模式。银行业毕竟涉及大量资金且赢利显著,因此,我相信有足够的压力去维持银行业的生存。金融业希望消费者一直在花钱。它希望消费者恣意纵欲,永保消费激情,到拉斯维加斯和亚特兰大去赌博,或是毫不顾忌地去购买自己根本就负担不起的汽车,然后让他们债台高筑。

政府自然希望救助金融业，只有这样，才能利用它们去刺激消费信贷，这恰恰是让 GDP 和"消费者信心指数"看上去更光彩靓丽的办法。政府当然更希望金融业能做得漂亮，业务不断拓展，利润不断增加，只有这样，这些银行的 CEO 才能像最高法院说的那样，把分到的红利大把大把捐给自己支持的政党。

轮到我们大显身手了

美国人的恐惧并不缺少理由，因为我们将就此丧失曾经以奋斗换来的全部。我们的恐惧同样也不缺少理由，因为除了负债和失败之外，我们将没有任何可以留给子孙后代的遗产。实际上，我们中的很多人已经失去了生活和家庭，还有我们的退休金账户、曾经拥有的企业和安全感。尽管我们试图接受所有这些损失带来的悲痛，但变化来得还是太突然了，以至于我们根本就来不及反应。我们对过度变化的恐惧完全是可以理解的。

我们对过度变化的第一反应就是拒绝面对。面对变化，我们总要给自己找一只替罪羊，让别人为我们承受的痛苦承担责任。我们已经习惯于应有尽有、衣来伸手饭来张口的生活，但这显然不公平！我们执拗于自己的偏执，拒不接受过去已一去不复返、生活已永久改变的现实。

我认为，这种拒绝现实的部分理由在于我们害怕从梦中醒来面对已经变化的现实，放弃我们曾经珍爱的信仰。我们只是生活在泡沫里的孩子，而这个泡沫刚刚破裂。我们的"美国梦"已经消亡，我们的激情已经变成挽歌。

我们不愿指责自己的生活方式，因为我们过得还算幸福。我们正在变得越来越懒。我们已经被企业洗脑，他们始终在教育我们：美国人的主要职责就是消费。他们一直在告诉我们：我们的工作就是每天早晨醒来，去做自己不喜欢做的工作，按时纳税，支付房租，购买自己不需要的东西，看着这个已经过时落伍的国家日益显露其阴暗下流的一面，而任由这个星球最宝贵的财富置于极端危险之中。

美国人必须以新的思维和视角去看待现实。在我们拒绝现实并抱怨客观环境的时候，我们却忘记了对身边拥有的财富道一声谢。我们必须牢记，作为美国人，我们仍然拥有其他国家所缺少的很多财富。我们不必从黄昏到傍晚，顶着烈日，每天在田间耕作 16 个小时，自己去种植粮食，去饲养奶牛，去打谷晒粮，晚上回到家时已疲惫不堪，而第二天早晨睁开眼的时候还要继续劳作。相反，我们从开着空调的办公室回到家里时，还可以悠然自得地呷几口进口红酒，呩两口进口乳酪，再嚼几块味道鲜美的净牛排，然后还要强打精神，从卫星传来的上百万个电视频道中挑选一两个自己喜欢的节目，刺激一下已经慵懒呆滞的感觉器官。

我们必须意识到，我们所拒绝的东西一切就摆在面前，它们是不可逆转的现实。我们越是拒绝这些变化，我们的挣扎就会变得越来越艰难。我们越是担心自己缺少的东西，我们缺少的东西就会越多。我们越是担心家人的健康，我们的孩子得病或是摔断胳膊的可能性就越大。

我们还要意识到，我们可以用自己的思想去感染周围的环境。我们的所为源于我们的所想，我们只能创造自己想得到的东西。这听起来似乎有点过于简单化，新思维或许会让人感到晦涩难懂，但真正的信仰却未必复杂深奥。这是宇宙的规律，任何拒绝和阻拦都不可能改变自然规律，因为宇宙自然和世界就是这样生生不息地流转运动的。

我们不可能用一个简单的路线图去指导自己如何应对当前的形势，因为当前的现实是这一代人不曾经历过的现实。但我们的父辈却经历过这样的现实，我们的祖父辈在造就这个国度时曾面对难以逾越的艰难险阻，但他们依旧从混沌中理出秩序。现在，该是我们大显身手的时候了。

第5章
新世界指南

　　这就是现实，变革已经无法避免。生存要求我们必须适应已经到来的变化，我们必须致力于实现我们期望这个世界带来的变革。我们可以从改变自己的期望开始，从我做起，积极行动。

当今世界面对的经济形势已不可持续。但人们还是不愿真正接受这个事实，直至现实带来的痛苦席卷重来，一切都将恢复如初的幻想彻底破灭。无论是对酒、毒品、性还是赌博，任何曾习惯成瘾的人都知道，戒掉瘾性的唯一办法，就是让他身边有更多因这种瘾性招致的破坏、监禁以及更多由此带来的疾病和死亡，只有这样，才能彻底消灭这些瘾性给他们带来的快感。

至于美国人对石油的瘾性，我们也开始目睹越来越多由此造成的破坏、犯罪和越来越多的疾病与死亡。当然，开着自己的爱车到街边便利店去买一块面包，那种感觉依旧让人惬意温馨，但是现在，当我们环视我们身边的环境，看到一半的墨西哥湾已经布满油污，这样的感觉显然令人心痛。而看着野生动物在足足一英寸厚的油泥中残喘挣扎，自然不会让人心舒气爽。同样不会让我们怡然自得的，就是想到我们已经无法再到清新美丽的佛罗里达海滩嬉戏，或是嚼着刚刚从墨西哥湾收获的鲜虾而不会担心嘴巴被油污封住。至于想到我们喝的水中充斥着天然气，或许会让你呕吐不止。我们对石油的消费成瘾同样不再让我们感到快乐。

美国人今朝有酒今朝醉的崇尚消费的生活态度，已经把我们带上了一条不可持续的道路。如果我们的国家同样不可持续，那么，我们就将无法创造出适应市场并被其他国家接受的产品，这样，我们的经济将同样不可持续，我们伪装出来的轻松和惬意将彻底不复存在，这已经是现实。

但美国经济面临的更大危险却是这样一个现实：我们的美元已不再坚挺，它已不再以特定重量的黄金为基础。但以前却并非如此，因此，我们不妨看看美联储是如何毁掉美国经济的。

谁是操纵美元的黑手

美国联邦储备委员会既非政府机构，也不是真正的储备机构。它只是一个凭借其印刷的美元钞票而向美国政府（即纳税人）收取利息的私人企业。因此，决定美国货币的并不是美国财政部，我们已经把这项工作承包给美联储，然后再为他们的工作支付一笔相当可观的报酬。

这个公司创建于 1913 年圣诞节几天后一个上午 10 点召开的委员会会议。当时，政府告诉美国公众，建立独立于政府的货币政策已成为迫在眉睫的当务之急（这无意间让我想起星期日投票通过奥巴马医疗改革法案最后几分钟里发生的故事）。

当然，政府没有告诉纳税人成立联邦储备委员会背后的真实目的——以牺牲纳税人的利益为代价，为股东及其公司的董事们创造诱人的回报。尽管它的名称具有欺骗性，诱使人们把它看做政府机构，但是从诞生那一刻起，美联储就已经张开了血淋淋的贪婪大口。这导致人们误以为美联储的控制权属于全体选民。这显然是一条误导美国民众的阴谋诡计。幸运的是，我们现在终于知道了事实。

而最终的结果自然也好不到哪里：美联储所谓的"独立性"造成整个国家经济的不稳定性日趋加剧。人们已经认识到美国债务的现实性，而 40% 的美国政府债务是欠美联储的。因此，如今已经到了终结美联储肆意践踏纳税人血汗钱的时候了。

新的金融改革法案或许能带来一些改观，尽管我认为它不可能彻底改变美联储的基本功能。这也是我们必须发出更多反对声音并对美联储的领导层和组织结构实施重大改革的原因所在。

我们必须终结美联储吸钱的本性和无休止印钞票的做法。

我们必须要求对美联储的权力加以约束，有效约定其职责。

我们必须要求政府制定更完善的消费者保护法案。

我们必须对美联储开展全面审计。

最重要的是，我们必须终结美联储这种以牺牲美国全体纳税人利益为代价的牟利方式。

当我们已经不再需要这个印钞公司印刷的所有货币时，当然也就没必要再为它印刷的钞票而向它支付利息了。反正我是不会，你会吗？我从未见过政府为这件事举行过投票。如果真有这样的投票，相信任何理智的人都不会投赞成票，因为它违背了我们最根本的利益。公司发行太多的股票会稀释原来的每股价值，同样，无休止的印刷钞票只会稀释我们口袋里美元的价值。

我们有必要认真考虑一种以白银、黄金或其他稀有金属的真实储备为基础的新型货币。目前，世界各国的中央银行都在买进黄金，其中当然也包括美联储。在这些中央银行一直向投资银行租赁黄金的情况下，我们现在为什么会认为它们在增持黄金呢？因为它们发行的法定货币已不再坚挺，它们的货币已不再以黄金或其他有形资产为基础，由此，他们的纸币正在变得越来越不值钱，他们对此心知肚明。

作为个体，作为西方文化的代表，我们美国人必须考虑我们到底应该怎样认识美元的价值。我们必须选择一套以当下基本要素为基础的价值观，这就是：可以健康呼吸的新鲜空气；可以安全饮用的清洁水和可以放心食用的食品；然后，我们再去考虑我们的住所，我们到底需要多少房子；之后，我们再去考虑汽车以及为到达我们必须到达的地方到底需要耗费多少燃料和动力。那么，你认为自己一定要去哪呢？

我们是被温水煮着的青蛙

我们待在这个星球上的时间只是整个人类历史的一瞬间。万物皆有来去，帝国亦有兴衰。同样，美国的政治家们也要 4 年轮换一次。今天的痛苦经历或许就是明天的辉煌荣耀，一切事物都在瞬息万变之中。现在，让这些变化为我所用的责任就落在你我的肩上。

美国人所生活的环境是这个星球上最自由的乐土之一，我们可以自由自在地去创造新的生活方式。我们是一个创造发明者与独立主义者无处不在的国家。的确，权益计划和社会福利计划已让我们负重不堪，但我们的骨子里从不缺少超人的智慧和勇气，我们完全有能力找到摆脱困境的出路。

任何人都不会轻而易举地改变自己。在切身体会到痛苦之前，人通常不会做出颠覆性改变。这就使得人和政府总是倾向于拖延不可避免的改变，尽可能地维持现状。但是，我们绝不应该等待机会已经丧失、痛楚已无法医治的时候再去做出改变。到了那时，我们的水源已被彻底污染，我们的海洋已被完全破坏，我们的鱼儿已不复存在，我们的身体也因无限制地吸纳毒素而疾病缠身。

这也是我们必须马上着手进行成本分析的原因。我们必须做一番风险收益评估，确定我们的行为对环境、经济以及社会带来的影响到底是有益还是有害。

很多西方社会可以一而再、再而三地拖延，回避做出这种艰难的选择，这是因为他们可以借助于如下两种手段之一：

让自己与自然彻底隔离。

蓄意淡化负债经营的经济后果。

这是两种完全不同的情况。

在过去的几年里，西方社会已经越来越疏远自然。我们让自己沉迷于游戏世界，或是在互联网中寻找自我，在 Facebook 的聊天室里肆意放纵，因此，只有在电影里，我们才了解到濒危物种的存在或是大堡礁的过度捕捞。我们远离自然，很少走出虚幻的自我世界，因此，我们鲜有机会听到鸟儿的歌唱，看到乌龟舞动着四肢进入海水，或是感受草丛中迎面扑来的清风。我们已失去了与大自然的感观联系，以虚幻的模拟世界取代了美好无限的自然世界。

这就让我们可以对正在耗尽人类资源与毁掉我们生活家园的种种现实视而不见听而不闻。

不要搞错，我们正在毁坏的正是我们赖以生存的家园。在我们听到有人谈论"失去的家园"时，我们或许以为他们是在说南美洲和马来西亚的雨林，但这个家园却是一切生命的依托。他们说的是我们每一个人，是全人类。正在毁灭的是我们共同的土地、森林和水资源。面临灭种危险的不仅仅只有猩猩和箭蛙，还有我们！所有生物的存在都依赖于一个共同的大自然。

因此，关爱环境甚至只是马来西亚的树蛙，符合我们每一个人的自身利益，因为这也是我们共同生活的世界，这个世界就是我们的家园。

此外，我认为我们正在继续刻意回避负债经营带来的经济后果。我们不妨设想一个商店的经营情况，如果没有顾客，商店就无法通过销售商品赚取利润，于是，这个商店自然也就无法存续。但是现在，我们这个商店却在完全依赖负债而经营。它用借来的钱买进存货，然后再以赊销形式把商品卖给顾客。一切都只是纸面上的数字游戏。在这个过程中，没有发生任何真正的货币易手。除了发生商品交换之外，在不存在任何真实价值交换的情况下，商品从商店的仓库里转移到顾客手中。

按照这样的交易模式，零售商收取的费用就是市场将要承受的费用，但实际上，市场完全可以承受更大的费用，因为顾客用来购买商品的钱来自信贷，而不是自己的腰包。这就意味着，不管零售商收多少钱，他们都能付得起。这就推动了商品价格不断上涨，直到消费者突破自己的信用上限，无力再继续依赖贷款支撑其消费为止。现在，零售商的店铺里装满了因为过度支付而买进的高价商品，因此，他们必须打折出售这些商品，这就有可能让他们赔钱。我们可以看到，这种模式最有可能体现为收益递减规律。一个建立在这种经营模式基础上的企业，终将变成一个空壳。

现在，也就是 2010 年，我们正面临着上述两个因素汇聚于一处的境地。作为地球上的一个物种，我们人类同样依赖于这个脆弱的生态系统，但我们却在刻意规避自然界是否能永无休止地养活我们这个物种的现实问题。我们同样依赖于信用，但却对基本经济规律置若罔闻。

现在，也就是 2010 年，我们终于发现，我们的经济和我们的社会是相辅相成、不可分割的。我们根本就不可能让这种以负债为基本动力的生活方式永久地延续下去，我们同样不可能永无休止地去消费这个星球上的资源。这种为追求利润和舒适而无限消费眼前一切资源的西方生活模式，显然是一种收益加速递减的生活方式。

我们不妨用一个有点血腥的例子看看这种模式的根本影响。如果你把一只青蛙放进一锅水，然后，逐渐提高水的温度，最初，青蛙会感觉舒适地待在水中，不想跳出来。但是当水温提高到足以煮熟这只青蛙的时候，舒适感也就到此为止了。此时，它开始拼命地想跳出开水，但为时已晚。因为当青蛙意识到水温已太高的时候，它已经半熟了。它可以让自己适应温度逐步上升的环境，但却没有意识到温度升高后的最终结果。

我们也在温度缓慢升高的污染和充斥着破坏的大锅中煎熬自己，在无聊中看着愚蠢的电视节目时，我们的环境却在经受蹂躏。在不远的未来的某一时刻，或许就是下个月或者明年，这个大锅就会达到足以煮熟我们的温度。

切除我们头上的"恶瘤"

美国人需要团结一切少数民族和社团机构，去共同审视各个政府机构的有效性以及他们做出的每一个选择。我们必须积极参与和监督美国领导者的一言一行。我们还要反复审核他们的账目，要求他们切实履行自己的职责。

同样，我们还要监督和检查自己的账户。我们决不容许寅吃卯粮，以透支未来满足今天的奢求。我们必须勒紧腰带，系紧鞋带，不再做懦弱无用之人。

我们必须把权力从那些无能领导者的手中抢回来，我们还要牢记，美国的开国先辈中既有逃避者，也有逃难者，他们中既有创业者和冒险家，也有机会主义者，但他们无不是为了追求发掘自身最大潜能的自由。从此以后，我们的国家就一直对那些为生活所困者以及追求个人自由者敞开大门。我们的先辈从不缺少从头再来的开创精神，他们的血也流在我们的血脉中。既然如此，我们还有什么理由不去拼搏和奋斗呢？

现今一代领导者从二战胜利者的手中接过治国大权，我们对生活的享受几乎是无限的，但我们的享受已经走到尽头，是我们亲手破坏了这个强大的国度，因此，修复这个几近破碎的国度同样是我们义不容辞的责任。

在我们的政府和企业里，执掌大权的人几乎都已年过六旬。对他们来说，真正做点实事的时光早已过去，他们正在期盼着退休。坦率地讲，我认为，在我们的政府中，很多人在宗教信仰方面近乎于狂热，他们笃信，无论是经济还是环境都注定要服从天启的召唤，因此，我们今天所看到的一切，不过是摄魂时刻的先兆。他们似乎根本就不关心整个世界是否都会跌入地狱，因为至少他们不会走进地狱。他们将以"完美之身"升入天堂。

此外，我还认为，就总体而言，政府并不愿意解决经济和环境

108

困境相互结合和加剧造成的根本性问题，因为他们担心，一旦涉足便会打开这个"潘多拉之盒"。任何人都不想摇晃这只本来就已经颠簸不定的破船，更不愿意求助于他人的合作。于是，所有人都开始静观其变。因此，只要痛苦还可以忍受，我们的政治领袖就会尽可能地止步不前。他们会尽可能地推迟这种痛苦。毕竟，他们总有精彩的鸡尾酒会可以期待，总有高尔夫球赛可以享受，奥普拉的脱口秀节目每天下午 4 点还要按时播放。

如果听任他们自行其是，我们的政府便会一如既往。他们会一而再、再而三地踢皮球，把责任推卸给别人，把问题留给继任者。他们会对这个国家最紧迫的问题视而不见，把讨论国家当务之急的时间用来争取留任。我根本就不相信我们的政府会有所作为，他们唯一愿意做的事情，就是继续成为这个社会身躯上的一个大型恶性肿瘤，这个寄生性的肿瘤挥霍无度，通吃一切。我认为，一旦人们开始看透这些领导者的贪婪与无能，这种趋势就会戛然而止，届时，我们将看到一场社会运动，要么是通过民主选举，要么就是走上街头暴力反抗。

美国迎接"新世界秩序"的一部分准备内容，就是重组和反思我们的政治体系。我们不能改变其他国家如何治理自己的国家，但我们可以改变我们自己的治国之道。我们必须找到行之有效的治国之道，重归《美国宪法》的基本主旨。我们有开明的人民，他们不仅创建了我们的国家，还制定了我们的《宪法》。他们的原则简洁明了，即民治、民有和民享。

当然，尽管这只是我们遭遇环境问题以及我们的社会沉迷于形形色色垃圾电视节目之前很早的事情，但其中最根本的道理依旧适用。我们的政治体制是为了服务于美国民众，推动有价值的事业。但对于我们现在拥有的政府，它在全世界人面前摆出的姿态就是维护其自身经济利益，而对其民众的福祉漠然视之。

美国政府喜欢把自己打扮成"独行侠"的形象，当然，它忘记了诚恳真挚的印第安人的贡献，西部拓荒让印第安人失去了家园和亲人（尽管其中的携手并肩已成为好莱坞宣传工具最推崇的美好回忆之一，但我还是怀疑很多美国本土居民是否能真正理解到这一点）。但除去宣传价值之外，我们当前的全球利益与先进的民主意识和高尚的道德标准几乎毫无干系。而在 50 年前显然不是这样的。今天，我们已经变成一个全副武装的国家，他与那些以追求个人利益最大化为目标的大企业肩并肩地出现在世人面前。因此，我们在世界舞台上的角色更多的是资源战争的发起者，而且主要是石油资源。

伊拉克战争就是一场为争夺石油而发起的战争。科威特战争是为了石油。越南战争同样是为了夺取该国周边海域的海上钻井平台。当第二次世界大战如火如荼的时候，美国还在远离战场的北美大陆独善其身，直到时机成熟，我们才趁机而入，一举奠定胜局。诚然，是珍珠港事件把美国拉入战争，如果没有这个事件，美国何时参战就很难说了。

但最关键的是我们参战的时候战争已近尾声，而且恰恰是在濒临灭亡的欧洲国家迫切需要补给的时候，因此，我们是唯一经历战争之后依旧保持健康的西方经济体。这也是从波兰到斐济，"Spam"牌美国罐头无处不受欢迎的原因。

我们为迎接未来变革的另一部分准备工作就是重释政府的职责，从而让政府把支持和促进自由企业作为优先工作，而不是对企业加强管制和税收。我们必须剔除对企业的重重束缚，赋予他们最大的自由，从而更好地服务于美国人民。

而我们的政府却一直在对这个国家的某些行业施加压力或是加强控制，试图延缓甚至阻挠即将到来的变革。这无疑是在浪费时间、资源和金钱，这只能延缓必然趋势的到来。历史已经一而再、再而三地告诉我们，只有自由企业制度才能给美国带来繁荣。

我们需要以自由市场来决定谁将生存，谁将灭亡。我们必须让某些已丧失存在理由的大企业自然消亡，让他们宣布破产，在企业因破产而实施重组的同时继续经营并不是什么罕见的事情。应该让这些大企业独立走完自己应该经历的经营周期。只要他们还能改变自身的财务状况，重新调整生产力与装配自己的生产线，他们便依旧可以生产出符合市场需求的任何产品。只要这还是一个有存在理由的行业，它就有理由存在下去。但如果没有这个理由，就应该让他们自生自灭。

美国政府必须停止以现金注入来弥补以往纰漏的做法，转而鼓励技术和早已被大企业彻底抛弃的创新。好的想法因其危及到现有能源生产商的利益而被束之高阁。我们或许会看到其中的某些技术将重新浮出水面，我们需要重新评估这些技术的市场价值。我们甚至会发现，某些低成本乃至免费技术完全可以让家庭和社区实现能源生产的独立。这将让更多的人摆脱对依靠化石燃料的现有电网的依赖。我们必须创造替代型能源的市场需求，推动政府大力发展采取这种能源形式的开发项目。

我们必须鼓励政府在底特律等制造业已基本消亡的地区积极创办免税创业园。例如，对于在这些地区创建的企业，在一定的期限内，比如说 20 年，其收入和资本利润所得可以享受免税待遇。对于这些劳动力充裕的地区，这种免税区可以为新行业的成熟提供有效的激励和宽限期。此外，这种免税优惠还能极大促进经济的活跃性和创新性。

我发现，在美国，投票活动正在表现出一种越来越有意义的发展趋势。越来越多的人开始按候选人的个性和既往执政业绩来决定其选票。人们对领导者开始越来越挑剔，越来越敢于冷嘲热讽，而且也越来越清楚地认识到，每一个党派都不乏不值得信赖的人。因此，只凭借按下蓝钮或红钮进行投票的人也越来越少。曾有一段时间，我甚至不想按下其中的任何一个钮。我只是想听听，到底谁在讲着常识，谁在胡说八道。

今天，大部分民主党人已经从中立派的左翼转而变成左翼中的左翼，甚至极左翼。的确，尽管共和党中还有一些极右翼保守势力的存在，但大部分共和党人已成为中立派以及中立派中的右翼势力。摆在我们面前的事实是，越来越多的人正在彻底撇弃党派之分，因为党派不能代表任何东西。这是一种值得庆幸的趋势。我们决不允许让自己被民主党或是共和党设下的游戏所迷惑。这毕竟只是一个无休无止、毫无意义的游戏，是一个永无止境的死循环。它只符合这些党派成员的个人利益。

我们看到，越来越多的人已宣布脱离这两个党派。越来越多的人更愿意超越党派的约束，在候选人的名字上、而不是某些党派的标签投下自己的一票。这就意味着，投票人在决定谁能在上任后做出更出色的表现时将面对着更多的挑战。我们很难判断孰是谁非，由此，投票人自己的研究和调查就显得尤为重要了，他们必须根据候选人的性格特点及其既往的政绩进行投票，而不是他们的党派取向。

党派取向已成为一个不再有任何实际意义的属性。它只是政府为维持其政权而不惜任何代价编织起来的另一个假象而已。

即便我们抛弃了这个已经过时的信念，但还是不能把我们的全部疾患归罪于政府，也不能再期待政府去解决我们的所有疾患。我们必须切实精简政府规模，支持真正有能力和素质的领袖人物，让那些能代表人民利益的领导者执掌这个国家。

自己动手，丰衣足食

在短期内，我们必须为可能出现的社会混乱做好准备，因为一旦人们感到赖以生存的生活方式正在不可恢复地逝去时，社会必将陷入混乱。这就意味着我们必须有充足的储备。在短期内，我们必须想方设法保证食品资源的供给。在长期内，我们则需要彻底摆脱对其他国家食品的依赖性。

不幸的是，我们已经忘记了养活自己或是为自己种粮种菜的基本方法。我们不知道怎样种植果木，也不知道怎样制作罐装蚕豆，怎样储备食品，更不知道怎样保存土豆，或是为了熬过当天而腌制牛肉。我们中的大多数人已经和我们每天吃的食品失去任何形式的关联。我们甚至不知道它们从何而来。我们也没有想过是谁在种植粮食，是谁在收获粮食。而把牲畜切割成我们买回家的肉块的屠宰场也让我们忘记：我们只是在吃掉另一种生物身上的一块肉。

　　我们正在越来越疏远我们吞进自己身体里的食品。如果想吃杏子，我们可以到水果店里去买，而根本不需要想它最初是从哪里来到水果店的。如果找不到新鲜的杏子，我们或许会略感烦恼，但至少我们可以用罐装水果满足我们的嘴瘾。不管怎么说，我们都只是在购买一种商品。

　　现在，假设我们在一个寒气袭人的清晨路过一个杏园。一排一排的果树一望无际，绿色的树叶在风中婆娑作响。浓茂的绿色中间捧着一丛丛金黄色的果实，落在地上的成熟果子散发出悠远的芳香。鲜黄色的胡蜂贪婪地吮吸着落在地上的杏子，而一只流浪猫就躲在不远的草丛中，窥视着即将到嘴的美食。此时，你一边环顾左右，一边寻找一颗你最心仪的杏子，于是，你伸出手抓住这只软绵绵的果子，用力将它从树枝上摘下来。你用手指轻轻抚过毛茸茸的果皮，放到自己的鼻子下。你轻轻地咬破杏子的果皮，一股清香的果汁涌出果皮，流淌到你的舌头上，你心旷神怡地体味那种无与伦比的芬芳。你咀嚼着鲜嫩的果肉，品味着甘美的味道，笑意写在你的脸上，你知道，那种感觉，那种回忆将永难忘记。之后，你会多摘下几颗杏子，因为你觉得你需要与家人共享这份美味。

　　这就是我们与进入我们身体的食物发生直接联系的方式。但我们现在已经失去了这样的联系。相反，我们得到的只是六颗一袋的塑料包装的冷藏杏，它们毫无生命力，在从东海岸运输到中西部的过程中，化学制冷剂的作用已让它们失去了 80% 的口味和营养价值。我们和食用的食物已彻底失去了天然联系，这本身就是不健康的。

减少城市的蔓延

你是否知道，地球 75% 的土地面积已受到人类活动的影响？我们就像一只匍匐在地球表面的寄生虫，不断伸展自己的四肢，不断占有地球的每一寸表面。我们必须学会垂直性深入，而不是漫无边际的水平性延伸，把更多的土地留下来，用作为我们种植粮食蔬菜。我们必须创建一种更集中化的生存环境，并使之拥有更高的长期效率。

集中式生活可以让多个社区共享同一片领地。他们可以在房顶、高层建筑侧壁的平台以及建筑物之间的空地上种植花草。他们可以共享同一套公用设施与娱乐设施。我们已经做到这一点，但我们还能做得更多更好。

在美国，我们已经开始在城市周边的大部分农田实施耕种。我们还可以用这一小片富饶的土地建房造屋，打造个性化社区，然后再送给它一个美丽的名字，譬如伊戈尔庄园或是伊莎贝拉山庄等。我们可以种植天然草坪，而不是让杀虫剂悄然无息地流入我们的供水系统。为了阻止水渗入地下而降低地下水位，我们用混凝土铺筑路面。我们在全美国的每一个条道路上重复着同样的做法，这是一场悲剧，我们必须停止这种做法。我们不可能无休止地剥削我们脚下的土地。

但也不是没有好消息：在底特律等城市，已经有人开始呼吁停止这种城市无限制扩展的做法并将这部分土地还原为农田。这表明，我们完全有能力停止对农田的破坏性开发，还土地以本用。

蜜蜂到哪里去了

我可不想乏善可陈地一味枯燥谈论土地。你是否知道，在日本，有一个没有蜜蜂的山谷吗？当地人在那里种植梨树。在过去的十几年里，山谷里一直没有蜜蜂为这些梨树授粉。他们用杀虫剂杀死了所有的蜜蜂，我们美国今天也在做着同样的事。今天，我们不得不进口蜜蜂，因为我们自己的蜜蜂杀虫剂成堆成堆地把它们黏结到一起，它们已经无法飞翔。它们已经不能继续工作，也不能酿造蜂蜜，更不能为我们的树木授粉。它们正以令人瞠目结舌的规模大批地死去。

在日本的这个山谷里，人们不得不爬上树，攀行在巨大梨树的枝桠中间，用端部绑着羽毛的嫩枝为它们授粉。每个人都在做着这件事，无论男女老少。有时，他们会失足坠落大树，摔断胳膊或大腿。但只要还想吃梨，还要出口梨，他们就不得不数千次地爬上梨树，去做这个本应由蜜蜂做的事情，把一棵树的花粉掸落到另一棵树的花朵上。这听起来有点疯狂，可我们自己也走在这条不归路上。我们决不能再用毒药杀死我们的朋友——蜜蜂。

我们必须培育新一代的农民，让他们真正地去呵护我们脚下的土地，为这个世界生产必不可少的粮食和蔬菜，用我们的购买行为去支持这些本地农民。你可以购买他们的乳酪、牛奶、酸奶和本地生产的所有农产品。你可以饲养小鸡，让自己每天都能吃到新鲜的鸡蛋。你可以减少肉类的摄入量，食用更多的谷物和豆类产品。这种生活方式的改变将给我们自己的生活乃至子孙的生活带来深远影响。我敢保证，这样的生活方式肯定会让你更健康。在美元暴跌之后的日子里，你肯定需要这样的生活，既然如此，那就从现在就开始吧！

"百猴效应"的启示

我们需要的另一样东西就是信心。我们不仅需要自信，还需要彼此相互信任，更需要相信我们的国家。在这里，我不想推行什么宗教信仰，但我坚信，信心是所有宗教信仰的共同主旨。

　　人们经常说，信心可以移山。在所有幸存者克服千辛万苦的故事中，信心是唯一不可或缺的共同要素。正是精神信念激励着我们的开国者勇敢无畏地致力于让这个国家更伟大，赋予他们敢于冒着巨大危险的勇气。凭借信心，他们顶住了当时世界上最强大国家的淫威，毫无畏惧地斗争，直至推倒横亘在面前的这座大山。这些曾为建立这个国家而做出巨大牺牲的军人和平民，从未动摇过这种无私奉献的信心。

　　如果研究一下名人圣贤，我们就会发现，信心并非是什么不可思议的力量。基督教、佛教和伊斯兰教的教义改变了这个世界上无数人的思维和信仰，而马丁·路德·金和约翰·肯尼迪的思想则改变了我们这个国家。

　　美国人是一个富有创造力、勇敢和激情的民族。我们必须采取切实行动，分享我们的思想，凭借我们对上帝、国家以及我们自己的信心，还有我们勇敢的心，搬走挡在我们面前的一切大山。

　　因此，一定要学会和你的家人、朋友和邻居共同交流，共同分享。积极参与各种形式的公共论坛，共同探讨变化与变革。让你成为时代大潮中的一分子。

　　这里有一个关于"百猴效应"的真实故事。日本有一个岛屿，一个猴群居住在这个岛屿上。尽管这群猴子同样属于野生物种，但它们却和其它任何种群的猴子完全隔绝。随着时间的推移，科研人员注意到，这个岛上的猴子掌握了一种与众不同的特殊技能。这个与世隔绝的猴群非常注重这套技能，而且这套技能的普及过程也极为特殊：它们通过顺序学习，逐一掌握，一只猴子通过观看另一只猴子，然后再把学到的本事示范给第三只猴子。最终，这个由 100只猴子组成的猴群全部掌握了这项技能。

　　与此同时，观察这个野生猴群的科研人员还注意到，其他地方的猴群也逐渐掌握了这套技能。此外，科研人员从未见过在猴子中存在这样的行为，而且这个岛屿上的野生猴群与其他地方的猴群没有任何联系。但不知道通过什么方式，岛上猴群掌握的技能竟然传授给几百里之外的猴子，似乎所有猴子都在用一个大脑思考。

尽管还有更多的细节有待考察，但一些科学家已经开始思考其中的奥秘，并提出一种理论，认为在猴子中存在着某种潜意识联系，任何知识都存在着一个转化为共同知识的临界点，一旦猴子触及这个临界点，个别知识就会转化为整个群体都能掌握的知识。

不管你是否相信这种说法，但有一点是不可否认的，任何一个人的行为都有可能触发整个群体的变化。不妨想想美国黑人女权运动代表人物罗莎·帕克斯（Rosa Parks）。1955 年，她在公交车上第一次拒绝把座位让给白人，在她的行动鼓舞下，亚拉巴马州的蒙哥马利市掀起一场黑人民众拒绝乘坐公交车的集体抗议活动。尽管这场运动只持续了一年，但却彻底废除了公共汽车上的种族歧视政策。

因此，我们绝不应认为自己孤掌难鸣，毫无力量。当你改变自己的思想或者行为时，你或许就会成为那个触发临界点的"第 100 只猴子"，让你的思想也能像很多哲人大师的思想一样，被整个世界所分享。任何人都可以通过自己的行为让这个世界发生变化。对某些人来说，这或许是一个新的想法，但幸运的是，你根本就不必理解它是怎样发挥作用的，甚至根本就不必相信它是否行得通。你不需要把这种新的思想当成一种信念，你只需要试一试。

地球村

　　我和妻子的第一个孩子是在加勒比海的圣托马斯岛降生的。我们搬迁到那里，就是为了逃脱繁闹的纽约城。我不想让我们的孩子出生在曼哈顿，我知道这样对她的健康有好处。我从事这个行当已经有很长的时间了，在 20 世纪

90 年代的时候，我赚了一大笔钱，于是，我们来到了这个容纳了很多国家公园，人口却只有 3 000 人的小岛。这是一个非常小的社区，你每天都能见到自己的邻居。所有人都相互理解，你会知道岛上每个人的职业。只要见到一个人，你就要打招呼。当然，你也希望别人和自己打招呼。你必须礼貌对待每一位西印度女士，见到她们的时候，你必须致以问候，否则的话，你自己都会感到不自在，而且这些爽快的女士们也会让你知道，她们很不高兴。

过了几年，我们已经在加勒比有了 3 个孩子。我们的朋友们也有了自己的孩子。每次开生日聚会的时候，都会有不少于 120 个孩子在你面前嬉戏打闹。这是一个节日，也是整个小岛的节日。所有庆祝活动都在海滩上进行，那肯定是美妙而梦幻的一天。这就是我的感受。我感觉，我的孩子也是邻居的孩子，邻居的孩子也是我的孩子。我对邻居孩子的爱丝毫不亚于我对自己孩子的爱。实际上，我不仅对自己的孩子有一种责任感，对邻居的孩子同样也有一种责任感。从那时起，我便开始觉得，我的孩子就是你的孩子，你的孩子也是我的孩子。

我们同样可以用这样的思维去认识全球层面的各种变化与发展。不管是朝鲜的国家元首，还是伊朗、韩国或是墨西哥的政府领导者，我们都可以认为，无论是我自己的孩子还是他们的孩子，在我心中都享有同等重要的地位。在我们这些成年人当中，我们依旧还会继续打嘴仗，但是作为父母，我们应该留给孩子们什么样的为人之道呢？

心想世界，从我做起

作为这个世界上的一个居民，我们把自己一手炮制的麻烦留给下一代的做法，显然是不道德的。最重要的是，我们每一个人都要采取某种立场，采取某种行为，去拯救美国和这个世界。无论是经济、社会伦理还是道德与精神，这个国家都正处在十字路口。我们在未来几天、几个月或是几年里将要做出的决定，都是我们留给后人的遗产。

表明立场，树立目标

我们可以参与现有以保护海洋和野生动物为目标的活动，也可以发起旨在敦促大型农业不再以杀虫剂或化学肥料污染人类食物的运动。或者说，我们也可以响应美国食品及药物管理局的号召，禁止向我们的食物链添加激素，不在塑料中使用双酚基丙烷（BPA），或是对自然疗法重新分类，以保证医生能对它们的实施进行有效监控。

培育兴趣，寻找志向

我们可以积极参与阻止破坏我们宝贵耕地的活动。我们也可以购买本地生产的农产品，支持当地的有机农业。我们可以阻止房地产开发商对有限土地的占用和建造更多的混凝土建筑。我们可以作为自愿者，维护和保卫我们的城市公园和绿色空间。我们还可以以当地动物保护组织自愿者的身份，为遗弃动物寻找住所。实际上，有很多地方需要发挥我们的智慧和能力，因此，我们没有理由躲在一边，对现状坐视不管。如果你觉得自己没有时间，那么，不妨看看孩子们那双渴望的眼睛，向他们去解释吧。

行善积德，思想领先

我们可以善待遇到的每一个人，无论他是邮递员、面包师，还是消防员或是住在隔壁的警察。一定要笑对每一个人。像甘地那样去做人，牢记基督、佛祖和阿拉的教诲。想想你的思想能给这个世界带来的影响。思想就是力量，思想就是一切。改变世界首先从改变我们的思想开始。这个世界就是我们每个人的思想的集合体。

只买现成，不求多余

我们真的需要每天都要买点新东西吗？当我们购买已经生产出来的东西时，就不会向环境索取更多的资源。或许我们可以买一辆二手汽车，而不是选择买新车。实际上，Goodwill、Salvation Army以及 St. Vincent DePaul 等拥有社会责任感的企业都在从事二手商品销售，他们的产品绝对不亚于新产品。

我们也不必铲平草地，砍倒树木去建造新房屋。几百所已经建成的房子可以供你选择。房地产开发的狂潮确实为房产市场平添了大量的废物，相比之下，有些老房子用的却是坚实牢靠的木材，墙壁用的也不是当下常见的锯屑和糊墙纸板。因此，通过购买已有的产品，我们既可以省下口袋里的钞票，还能保护我们有限的资源。

分享梦想，共创未来

看到你认为不合理的事情，一定要敢于揭露。有的时候，我们需要的仅仅是一个字、一个词、一段话、一粒种子、一个火花或是一个在我们心中成长的念头。去做那个播撒光明、希望和未来的人吧。这不仅只针对你的家人，尽管那是你开始的地方。现在就开始吧。

投身变革潮流

祖母家居住在缅因州乔治湖的湖畔，我还记得自己还是个孩子的时候，曾经坐在祖母家的门口。我们一起看着湖水，那种祥和寂静是我最喜欢也是平生最留恋的时刻。夕阳西下的时候，萤火虫便开始飞出来，每当这一时刻，我和祖母就会盯着这些小虫子，看着第一只萤火虫亮起来，然后是第二只，第三只，随后，十几只、几百只跟着亮起来，这些小生命在夜光中上下翻飞。那是一种神奇的景象，像任何一个那么大的孩子一样，我也想知道，它们是怎么知道应该在什么时候点亮自己呢。很有可能是某种不可见的神奇网路把它们的思想连接到一起。

但是，是什么提醒第一只萤火虫点亮自己呢？这也是我们现在必须回答的问题。到底是什么让第一只萤火虫带头点亮自己并唤起其它萤火虫一同点亮夜空的呢？又是什么让第一个人站出来，站在所有人的面前，并给大家树立一个典型呢？我们必须习惯于思考，善于规划，并做到与众不同。我们必须甘愿承担风险。我们必须果断离开自己的安乐窝，寻求挑战，勇敢地面对艰难与挫折，敢为他人不敢为之事。

我自己也在努力成为这个榜样，并希望用这本书让大家了解我的思想，献出一份启迪。每天晚上上床之前，我都会说一句祈祷的话。每天晚上，我都会为我的家人、邻居、社区、国家和整个世界而祈祷。你也能做同样的事情。当我们都在努力改变自己的时候，我们的世界也将因我们而改变。

如果体会不到无助感，我们就很难坐下来讨论这些无法抵御且影响深远的问题。我们都以为自己只是一个人，不可能改变整个世界，既然不能改变世界，那么，我就不能改变任何事情。既然我现在还能游刃有余地做一些事情，那么，我还是按部就班地继续做这些事情吧。

作为美国人，我们必须成为促进和普及创新的先行军，以新的解决方案迎接新型经济力量带来的挑战。我们可以从改变自己的期望开始，从我做起，积极行动，首先让我们自己与现实相适应。

全球变化已初具规模。几百万人已出于自愿或外界压力而调整了自己的习惯。摆在我们面前的事实是，很多像你我一样的人，改变了我们的思维和心灵，并以此改变了我们的世界。在我们改变自己的时候，也在用我们个人的改变带动着整个世界的改变。

这也是我们为迎接"世界新秩序"而准备的起点。你可以首先改变自己的思维，遵从思想对你的召唤，履行你的必然使命，从而让自己成为全球变革的导体。

我们必须记住，我们自己也是这个星球上的一种生物，因此，我们同样需要很多最基础的东西，譬如健康的居所和健康的食物。

我们必须停止对身边环境的污染，实现油料、废旧书刊和有毒物质的循环处理，不再把它们直接倒进水沟、马桶或是排水渠。

我们必须对那些恣意破坏环境的企业给予批判，共同抵制它们的产品。

我们必须成为人类社会中积极活跃的一员，而不仅仅是某个国家中一个消极待命的平民。我宁愿把自己缠在欧盟旗帜或者中国国旗之中，也不愿意用美国星条旗裹在自己的身上。我希望裹在身上的旗帜可以告诉别人，我是这个星球的一部分。我们需要忠诚于这个世界上的每一个生物——每一个人，每一头鲸鱼，每一只海豚，每一只鸟，每一条蛇，甚至是每一只昆虫。我们必须尊重所有生命，因为一切生命都弥足珍贵。

我们必须主动去联系别人，为实现我们期待的政府和企业改革而创造新的能量。

　　企业所有者必须探索前景远大的新技术，并为原有技术寻找新的用途。

　　我们必须成为积极的活动家。迫在眉睫的变化和责任要求全体民众共同努力。

　　这就是现实。变革是不可规避的，也是无穷无尽的。今天的湖床就是明天的沉积岩。今天的潮水就是明天的暴雨。生存要求我们必须适应已经到来的变化。我们必须致力于实现我们期望这个世界带来的变革。

第6章
美元暴跌后的日子

　　我一直认为，这场危机将从希腊或西班牙等某个欧洲国家开始，但灾难已经发生。而就在我们认定会有更多国家陷入恐慌的时候，国际货币基金组织的其他成员国已经出手相助，从而避免了一场大规模的全球性衰退。

到此为止，我们主要讨论了地球的不可持续性、全球性破坏以及美国国债的不可持续性和疲软的美元。但其他很多国家同样持有不可持续的债务，他们的货币同样不再坚挺。所有这些不稳定性和不可持续性终将不可避免地发展到临界点。

那将是什么样的情形呢？

美元是否会彻底崩溃，变成毫无价值的废纸呢？

美元的彻底崩溃将如何发生呢？

世界强国将何以应对呢？

投资者将作何反应呢？

这场危机之后的社会将呈现出何种面貌？

对如此之多的问题，我当然也没有找到水晶球。幸运的是，我还算有些想法，更重要的是，我并不缺少经营意识。

我在上文曾经把货币比作普通股，既然如此，我们不妨继续使用这个比喻。我们将把全球性货币比作各相关国家的普通股。

现在，当一家公司丧失偿债能力时，它就可以宣告破产，变卖资产，向股东致歉，可以想象的是，公司的高管虽然会给自己的信用报告留下一个污点，但依旧可以拂袖而去，然后换个地方从头再来。

但对于货币和国家，事情就不这么简单了。公司通常是独立经营的。一家公司可以经营失败，同一领域的其他几家公司同样会受到冲击，但他们未必会破产。但是，世界各国在经济上却是相互关联的，这意味着，一个国家的情况必将会对其他国家带来影响。

今天，美国的经济是以债务来支撑的，西欧国家也是如此。实际上，这已经让他们与美国濒临破产，在危机面前脆弱不堪。如果其中某一国家的货币在外汇市场上严重贬值，那么，某些可以预见的未来将不可避免。

我一直认为，这场危机将从希腊或西班牙等某个欧洲国家发生社会动乱开始，但灾难已经发生，而就在我们认定会有更多国家陷入恐慌的时候，国际货币基金组织的其他成员国出手相助，从而避免了一场大规模的全球性衰退。按照这种模式，由于美国是世界上最大的债务国，因此，我认为，一旦扣动这个真正的大扳机，就会牵动世界上的每一个国家。

我们不妨简单地设想一番。某些因债务造成的危机将导致流动性缺失和利率上涨。此时，由于国际市场会通过利率操纵来吸引债券和票据的买家，于是，各国在经济上的相互作用立刻显现。在市场不稳定性加剧的同时，投资者将一窝蜂地买进硬资产和资源持有国的货币。随之而来的将是全球股票市场的全面崩盘，市场趋于失灵。在这种情况下，某些机构甚至有可能是国际货币基金组织，将出手对市场实施干预，试图以此稳定货币市场，而这就要求对所有国家的债务进行重组，并发行一种新的货币，以维持市场的流动性。

现在，我们来详细看看这个过程。

美元暴跌时间表

为帮助各位了解美元的崩溃将如何发生，我编制了一份假想的事件时间表。

东部时间星期三，上午 10 点：美国政府像往常一样正在进行国库券的常规性拍卖。此时，我们不得不恳求其他国家给我们赏光。

127

只有在这个时候，世界才会说："不，我们可不想再买更多的美国债券。"这显然会给全球市场带来强烈震撼，形势将愈加动荡不定，但任何国家都不愿采取大手笔动作，因为他们觉得自己也可能会犯错，而且国际货币基金组织或其他机构也会适时干预，并买进这些债券。到了周末，由于全球市场起伏不定，因此，我们可以预见市场将对这种形势作出某种评论。但这尚不会造成不安。

东部时间星期日，下午3点：亚洲股市在开盘之后便全线飘绿。亚洲股市直线暴跌，最初是5%，随后是6%，继而又变成7%。股市暴跌触发了雪崩般的抛售，全球股市均遭遇自由落体式的崩盘。

东部时间星期日，下午3点：全球货币开始贬值，同样开始疯狂下跌。每盘司黄金价格上涨300~400美元。随着全球投资者纷纷转移投资方向并逃离股市，他们将所有资产都转换为贵金属，于是，白银和钯的价格同样开始飙升。

东部时间星期一，上午9点30分：纽约证券交易所开盘，就在开盘后的短短几分钟里，暴风雨般的市场指令便导致市场"跌停"。

东部时间星期一，上午9点50分：纽约证券交易所被告知出现流动性问题，市场遂收盘。对此，全球股市均以强势下跌作出反应。尽管此时亟须流动性，但美国和西欧国家拥有的全部有效资产均已被运到中国和中东国家。其他所有国家都已丧失了流动性。于是，我们看到，这些国家将为剩下仅有的流动性展开争夺。每个国家都在通过出售债券而筹集资本，但买家却寥寥无几。于是，债券价格一落千丈，收益率扶摇直上。

东部时间星期一，上午10点10分：面对纽约股市的意外停牌，全球各地的股票市场均以强势下跌作出反应。

东部时间星期一，上午10点45分：几个欧洲国家宣布，为保证债券能吸引到足够的投资者，他们已经将债券利率上调了3到4个百分点。对此，其他国家的市场开始焦虑不安，甚至出现振荡。

东部时间星期二，上午9点30分：由于系统集中了大量抛售指令，导致纽约股市无法开盘。

东部时间星期二，上午 9 点 45 分：美联储召开紧急会议。美国迫切需要流动性，必须争取有限的流动性资源。

东部时间星期二，上午 10 点 45 分：美联储宣布上调利率。

东部时间星期二，上午 11 点 15 分：尽管全球股市并没有跟随美国提高利率，但依旧试图在短期内实现反弹。

东部时间星期二，上午 11 点 30 分：在开盘钟声响过两小时之后，纽约证交所终于开始交易。其他国家股市较上星期五收盘时再度下跌 6% ~ 7%。

东部时间星期二，上午 12 点 05 分：交易商认为市场将继续恶化。

东部时间星期二下午直到星期五早晨：美元大涨，市场强劲反弹。但全球各地的交易商依旧如履薄冰，彻夜难眠。全球货币持续走低，随着买家不断涌入，黄金及其他贵金属的价格继续上涨。

东部时间星期五，下午 2 点：尽管利率上调，但由于全球市场对美元的信心持续走低，美元继续贬值。

东部时间星期六，上午 8 点：美联储再度召集会议。

东部时间星期六，上午 10 点：美联储成员约见权威人士、白宫要员及其他大经纪商，给他们加油。

东部时间星期日，下午 3 点：美联储短短几周里宣布再次加息。在亚洲股市开盘时，中国最早作出反应，率先提高债券收益率。

东部时间星期日，下午 3 点 01 分：货币市场持续作出反应，西欧国家的银行利率紧随美国出现上调，但依旧没有买家。

东部时间星期一，上午 9 点 30 分：纽约证券交易所开盘钟声刚一敲响，噩梦便随之而来。全球各地的经纪商均成为股票、债券和西方国家货币的净买入方。所有投资者都想迅速抛盘。全球市场陷入混乱，恐慌和混乱席卷全球市场，所有市场均遭遇直线暴跌。

东部时间星期一，上午 9 点 42 分：由于全球市场的不良股票均遭遇疯狂抛售，导致市场交易趋于停滞。市场陷入瘫痪，交易停止。

东部时间星期一，上午 9 点 45 分：纽约证券交易所交易大厅内一片寂静，鸦雀无声。

东部时间星期一，上午 9 点 48 分：纽约证券交易所交易大厅。有人开始低声问："结束了吗？"没有人回应。

东部时间星期一，上午 9 点 50 分：纽约证券交易所交易大厅。有人给 911 打电话，呼叫急救车。有人心脏病突发。你看到先后有四辆急救车停在交易所门外。在交易所门外的人行道上，来自交易所会员公司的 53 岁高级经纪人坠楼身亡，这让路过的一位女士惊恐万分。随后又有人从楼上跳下。行人惊魂失色地避开横在路边的尸体。急救电话已让 911 应接不暇。

东部时间星期一，上午 10 点 06 分：纽约。警笛声此起彼伏，各式各样的警车、急救车和医疗车穿过大街小巷，最终来到华尔街和布罗德街的交叉口。警察用警戒线将事故现场与周围街区隔开，并疏散围观人群。纽约警察全体出动，并及时制止了四起自杀事件。

东部时间星期一，上午 10 点 11 分：纽约证券交易所交易大厅。有人调大 CNN 电视频道的音量，人们慢慢聚集到大屏幕前，在东京、新加坡、香港、伦敦、法兰克福、巴黎和布加勒斯特的电视报道中，人们可以看到当地交易所总部大楼外面的跳楼自杀者尸体。有人又调低了音量，但图像依旧在播放。

东部时间星期一，上午 10 点 28 分：纽约证券交易所交易大厅。交易员开始整理物品。每个人的手都在颤抖。在这一整天的时间里，惶惶不可终日的交易员们最初坐立不安，随后便垂头丧气地陆续离开交易所。有人直接回家了。有人此次之后便杳无音信。也有人在盘算股市重新开盘时如何捞回损失，只是不知道是不是还会开盘。

东部时间星期一，上午 10 点 30 分：白宫椭圆形办公室。红色电话开始响个不停。但却没有人接电话。总统正在高尔夫球场。

东部时间星期二，上午 0 点 01 分：国际货币基金组织召集 20 国集团首脑，共同商讨对策以应对已经瘫痪的全球股市。他们已经意识到，解冻市场的唯一出路就是对西方国家的全部债务进行一次性彻底重组。由于债务国可能需要展开大规模的测试工作，因此，这就要求各成员国彻底调整本国的货币政策，按测试工作的要求，立即组建一个新的全球性机构，各成员国必须服从该机构的统一政策。外界对此唏嘘不已。

东部时间星期二，上午 6 点：国际货币基金组织与 20 国集团的发言人召开联合新闻发布会。发布会以多种语言同时向全球直播。这位发言人向与会记者保证，目前形势完全处于可控状态，国际货币基金组织与 20 国集团联手采取有序措施，实施经济重整。她还鼓励人们保持克制和冷静，并一再指出，尽管交易所暂停交易令人沮丧，但投资者的资金依然安全，不必为此产生恐慌。

东部时间星期二，上午 6 点 01 分：人们开始出现恐慌情绪。

东部时间星期二，上午 6 点 45 分：各国警察与保安人员全部处于戒备状态。

东部时间星期二，下午 1 点 58 分：美国境内所有 ATM 机均已被储蓄者提空。

东部时间星期二，下午 2 点：纽约。第一家银行的窗户被挤兑人群砸碎。人们听到第一声枪响。武器商店遭到抢劫。随后，暴力事件开始大规模蔓延。

东部时间星期二，下午 2 点 08 分：芝加哥。第一家银行的窗户被挤兑人群砸碎。人们听到第一声枪响。武器商店遭到抢劫。随后，暴力事件开始大规模蔓延。

东部时间星期二，下午 2 点 20 分：洛杉矶。第一家银行的窗户被挤兑人群砸碎。人们听到第一声枪响。武器商店遭到抢劫。随后，暴力事件开始大规模蔓延。

东部时间星期二，下午 3 点 15 分：美国全境。恐慌情绪迅速蔓延。不断传来银行挤兑事件。抢劫对象已不再只有银行和武器店，杂货店和百货商店开始被洗劫。暴乱分子开始集结。国家警卫队待命。

警察开枪射杀暴乱分子，而暴乱分子也开始向警察开火还击。

东部时间星期二，下午 4 点：总统发表全国电视讲话，呼吁国民保持冷静。一名 38 岁的失业建筑工人用砖块砸碎白宫椭圆形办公室的玻璃窗，随后便被保安人员击毙。

东部时间星期二，下午 4 点 37 分：总统携家属撤离到安全的秘密住所。

东部时间星期二，下午 5 点：白宫保安人员击毙建筑工人的新闻迅速传播。全国警察机构迅速集结警戒力量，其中包括大量警犬和马队。

在随后的这一夜里，新闻录像人员始终在向电视台传送街头暴力的画面。在美国各大主要城市，人们惶恐不安地收看电视新闻，紧锁家门，子弹上膛，把孩子们藏起来，在看着电视屏幕上的暴力画面时，还要尽可能地调低音量，以便分辨枪声到底是出自电视，还是来自家门口。

接近拂晓，美国境内电视的屏幕上开始出现其他国家街头暴力的画面。一夜之间，保安人员成为人们关注的焦点。

东部时间星期三，上午 6 点：国际货币基金组织与 20 国集团的发言人再次召开联合新闻发布会。发布会依旧以多种语言同时全球直播。该发言人恳请人们保持冷静，并公布了一个网站网址，鼓励人们登录该网站就解决本次全球经济危机发表意见。

东部时间星期三，上午 6 点 02 分：网站的服务器因信息量超载而崩溃。

白宫开始每隔一小时发布一次最新简报。总统对选定的几家媒体代表召开每日例行新闻发布会，但未接受任何提问。

"全球经济大雪崩"的 9 天之后：美国。死于街头暴乱的平民达到 3 278 人，其中包括 212 名警察和政府工作人员。此外，22 匹巡警马匹和 13 只警犬死亡。被逮捕的暴乱分子为 15 012 人。因一般性伤害而被捕的人数为 45 356 人。遭到挤兑和抢劫的银行为 279 家。32

名银行雇员被杀害。308 人受伤。

东部时间星期二，上午 6 点 09 分：国际货币基金组织与 20 国集团的发言人召开联合新闻发布会。发布会以多种语言对全球直播。作为一个联合机构，国际货币基金组织与 20 国集团的成员共同起草了一份全球经济重整计划。他们宣布共同组建一个新的"全球统一汇率体系"，并要求各成员国停止印制本国货币。该联合委员会还宣布，加入"全球统一汇率体系"的国家必须就其当前经济形势进行报告，并以此作为债务重组及通过"全球统一汇率体系"进行全球信用额度分配的基准。此外，该委员会还制定了"全球统一汇率体系"债务重组期间执行的基本制度，并宣布召开一系列会议对新经济秩序的各个方面展开讨论，同时建立公开网站，公众可通过该登录网站及时了解最新建议并进行评论。它将是一个全球性的议事机构。

东部时间星期二，上午 11 点 10 分：由平民组建的美国政治改革联合会发起一项网络运动，号召对美国政治体制实施改革，尤其是取消"选举团"的做法，创建一个安全可靠的网上投票系统，确保来自国内各界的志愿者可以对每一个选民、每一张选票进行监督。

上面的情节听起来很恐怖。显然，所有这一切都是虚构的。但随着美元持续贬值，这种情况也并非全无可能。现在，我们再来关注一下债务重组过程。

新世界的游戏规则

市场的规则很简单：**财富的所有者就是规则的制定者。**

尽管美国已经不再有真正的财富，但我们还有武器，因此，我们的军事实力依旧可以为我们在谈判桌上留有一席之地。

中国、中东及其他国家的手里尽管握着大量的真金白银，但这并不能保证他们拥有完全的控制权。此时此刻，尽管他们手里握着钱包的拉链，但他们的全球影响力和势力范围还不可能迅速扩展。

西方经济的真正问题在于自私与自负。很长时间以来，包括美国在内的西方经济一直把持着世界经济的领导权，但是现在，他们却变成了乞丐国，更无力再对世界经济指手画脚。

我们正处在整个经济体系四分五裂的时刻。这也是前文所述熵的作用。走出这种困境的唯一出路就是实行全球性调整，比如说，让无力持续经营的企业破产，或是就无法清偿的债务重新进行谈判。我们不妨举一个例子。一个穷人已无力偿还自己的借债，于是，他宣布自己已经破产。这样，就可以减少甚至彻底免除他的负债，于是，他又变成一个可以借钱的人。于是，他再次获得信贷。怎么会这样呢？这家伙刚才不还是一个高风险的借款人吗？

这不能一概而论。要理解其中的道理，我们还要回头看看，理解一下破产法的来龙去脉以及它是怎样演变的。世界上的第一部破产法在1592年诞生于英格兰，最初制定的目标是为了保护债权人利益，只要公司不能偿还借款，债权人就可以提起破产申请，并扣押债务人的全部资产以作补偿。随后，债务人还要因此而锒铛入狱。因此，债务人不能按时偿还借款的行为被视为犯罪。

今天，破产法也允许债务人提出破产申请，而不一定要等着债权人对他们起诉。这就允许债务人可以先发制人，主动向法庭申请减少、重组或是免除其债务。在某些情况下，债务人可以通过变现公司及个人资产清偿债权人，但债务人也有可能把债务扔在一边而让自己毫发无损。这是因为当前更强调对债务进行重组，让企业通过多种方式减少其负债，这其中也包括以部分支付结清债务或干脆免除债务。这就意味着，遭受沉重打击的是债权人，而不是债务人。

在当今世界，不能偿还到期债务已不被视为犯罪。相反，在经过债务重组之后，债务人甚至可以重新创办一个无债一身轻的新公司。因此，在这家新公司重新获得贷款资格之后，它依旧可以借到更多的钱。

但如果把这个破产债务重组应用于国家，需要注销的主权债务金额将是令人震惊的。但就我们所知道的全部主权债务而言，它们依旧毫无价值，因为根本就没有任何一个国家能偿还这些债务。它们之所以被称为主权债务，是因为它们的债务人是一个主权国家，实际上，它只不过是给政府债务戴上一个冠冕堂皇的名字而已，这种负债也被称为公共债务或者国债。

这种债务属于外债，它是一个国家当前欠另一国家的全部货币或信用再加上依据借款本金计算的未来应付利息。主权债务也可能包含内部债务，即一个国家因养老金和权益计划而对其纳税人欠付的当前及未来债务。因此，我们可以看到，任何一个国家的主权债务都将是一个巨大无比的数字。

今天，政府通常以发行各种期限的有价证券、政府债券和票据的形式借取资金或信用。短期债务通常在一年内到期偿还，中期债券的期限通常为 1 到 10 年，而 10 年以上到期的债券则属于长期债券。而信用状况较差的国家有时会直接向欧盟之类的超国家机构借款，作为一个地区性的经济和政治组织，欧盟的 27 个成员国大多来自欧洲。

但这显然不是我想讨论的重点。我想说的是，当我们的经济体系崩溃时，所有这些债务都不得不一笔勾销，因为我们根本就找不到足够的流动性去清除这些债务。其中的部分负债可能被直接注销，此后便不复存在，因此，那些以购买美国债券的形式而把钱贷给我们的国家将成为倒霉蛋。当然，或许也可以通过某种努力对部分债务进行重组，但这也只能让不可避免的趋势晚到一点而已。

当这个调整过程来临时，世界上的所有主权债务都将变成比卫生纸还便宜的垃圾——安然的股票就是一个例子。卫生纸至少还有用，但这些债务则一无是处。一旦这些主权债务被一笔勾销，全世界将以一种全新的货币或某种标准化的全球外汇从头开始。

随后，一种新型的全球性汇兑工具将登堂入室，所有国家和个人都可以用这种新的交换工具开展贸易，让世界经济、机构和政府继续发挥其应有的作用。到了那个时候，我们会看到，全球政府将实行统一协调，并以新创造的统一货币取代各国原有的货币。它将成为全世界通用的"法定货币"，并成为各个国家的唯一储备货币。

但这种货币可能需要以黄金、白银、钯或其他某种贵金属等有形资产为基础。它也可能会包含某种形式的借贷体系，以规避采用纸币或现实货币带来的麻烦。不过，我自己也没有彻底搞清这个问题，因此，我还不敢妄下结论。但我至少可以说，不管如何确定这种新型交换媒介的价值，它首先必须是公正公平的，因此，它的形成和使用必将经过激烈的讨价还价。

这就是"新世界经济秩序"的开端。它诞生于现有世界经济体系的彻底崩溃。政府应该有义务推进这个恢复并创建新秩序的过程。但是在这个过程中，任何大国的领导者都不可能以武力赚取控制权，因为武力根本就不会给他们带来自己需要的东西——经济实力。

但是，某些小国的领导者却有可能忽略这个事实，不自量力地试图以武力赚取权力，因此，我们可能会看到，当情绪失控和恐慌蔓延时，这些地区可能会爆发国内流血事件。但这毕竟是世界经济的分水岭，全世界的焦点将是恢复世界经济秩序，因此，致力于建立这种秩序的领导者完全有能力容忍更大的暂时性无序。我觉得这就像一只按在老鼠身上的雄狮爪子一样。

当美元不再是"法定货币"

我知道，早在 10 年之前，人们就已经在讨论美元在世界经济崩溃时成为全球型储备货币的可能性，但这种可能性永远也不会存在了。其中的部分原因在于美元自身的不稳定性日益加剧。货币代表了政府的一种承诺，而且这种承诺在任何情况下都容不得折扣。在这个问题上，美国在全球经济中的地位已经大打折扣。

此外，这种新的货币还必须以某种有形资产为依托，而不是像法币那样以空头支票为基础，过度扩张的财政负担导致国家只能用负债来支撑自己的货币。

另外，由于很多国家都在指责美国政府对当前经济的不稳定性负有不可推卸的责任，因此，美元已经开始失宠。

实际上，我认为目前世界上任何一个国家的货币都不是名副其实的储备货币。其他国家都不愿意因系统性采用某种现有货币而放弃自己的货币和势力。没有任何一个国家的货币能超越于其他国家的货币。因此，这种储备货币必须是新型的"法定货币"。

这种"法定货币"决不依附或结盟于任何一个国家，它对全世界一视同仁。这种货币上或许会印上这样一句话："人人为我，我为人人。"这或许就是我们对未来的宣誓：每个国家都将服务于我们脚下的这个地球，就像地球服务于我们每个生活在这个地球上的人一样。

我曾经听到人们在讨论，一旦中国不再借钱给美国，让美元自行崩溃，那时将会发生什么。我认为这种情况不可能出现，因为让美元一文不值也不符合中国的金融利益。亚洲是美元的最大持有者，如果让美元自生自灭，彻底变成废纸一张，他们手里的资产同样会打水漂。

你想手里拿着 50 万亿美元吗

想知道超级通货膨胀是什么样子，不妨浏览一个网页：https://damonvickers.com / TheDollarCrash。你可以领取一张50 万亿元的钞票……这确实是货真价实的钞票，它是津巴布韦储备银行发行的法定货币，你可以把它当做收藏品。

美元计价的未来

有人曾经告诉我，他们已经把毕生的储蓄和个人养老金账户中的全部资金投资于麦当劳、微软、波音的股票或是先锋的指数基金，而且它们均以美元计价。他们想知道的是到底会发生什么。他们想知道自己还能做些什么。

首先，你还可以继续呼吸。尽管我不相信美元会变得一文不值，但我相信的是，它注定会变得越来越不值钱，而且会非常不值钱。

现在，假如你的储蓄很少，甚至根本就没有储蓄，那么，这还不至于对你有什么重大影响。但假如你在银行里有2 000万美元存款的话，等到你按汇率换算一下时，你就会发现，自己的存款会大打折扣。虽然你还有钱，但它能买到的东西肯定会少很多。

在通过调整和创建新经济秩序而实行新的"法定货币"和汇率体系之后，将对各国原有的货币进行某种有序兑换。你需要上交手里原有的货币，并按一定的兑换方法获得一定数量的新货币、记账单位或者信用卡。总之，就是以新货币可能采取的各种形式。

你或许要到当地银行分支的出纳柜台，哆哆嗦嗦地递上自己的旧钱。兑换过程也可能采取某种没有实体和名称的技术处理手段，把你拥有的货币以技术符号的形式输入ATM，随后，ATM吐出新钱，或者也可能完全由银行关上大门进行封闭操作，你只能看到结果是以新钞票计价的资产。但最有可能的是综合采用这些手段，因为这个以旧换新的兑换显然不是一个简单的过程。

投资者如何应对美股暴跌

摆在我们面前的将是一场史无前例的大灾难，即将发生的事件和形势将彻底改变游戏规则，因此，当务之急就是如何投资你的时间、精力和金钱。很多人已经历过生活方式的巨大转变，但更多的人将会发现，他们的世界将变得面目全非，以至于让他们无所适从。

而现实是，美元暴跌之前的世界和美元暴跌之后的世界完全是冰火两重天。那些希望能在新世界里赚得第一桶金的投资者，务必要首先想到如何生存。我坚信，所有从混沌中生存下来的人都将意识到，这个新世界将造就一段我们从未看到过的全球经济繁荣期。本书的目的就是引领读者走进新世界的繁荣期。

你可以通过有形货币或是借助于交易所交易基金（Exchange Traded Funds，简称 ETFs。——译者注）等形式持有黄金，也可以购买白银和钻石。

你也可以研究一下与市场呈逆势变化的反向 ETFs 产品，你可以在 PROShare.com 和 Direcxion.com 上找到很多这类产品。

你还可以持有主要以海外业务为主的公司发行的普通股，美元贬值会让他们受益匪浅。

当然，你还可以购买农田和种子，给自己种点粮食。

或者也可以购买各种已正式具有保值作用的收藏品。如果选择这条道路，虽然你的钱不会大幅贬值，但至少不会荡然无存。

但我想提醒各位，**千万不要在市场下行通道中购买不动产，因为这个下行之路还将延续。不动产市场很快就将丧失其保值作用。**

对任何市场而言，最重要的就是要关注趋势。虽然市场总会起起落落，但对于一个正处于下行区间的市场，最危险的事情莫过于预测这个市场很快就将触底。想想那些在花旗股票从 50 美元跌至 40 美元时疯狂买进的投资者，他们只能眼巴巴地看着股价跌到 0.97 美元！迈克尔·卡沃尔（Michael Covel）的《趋势跟踪》（*Trend Following*）一书让我们知道："价格就是一切"。

我同样也想这样奉劝那些想在股市下行期间购买股票的投资者。貌似"便宜货"的股票未必是真正的便宜货。在熊市横行的时间里，我们根本就不可能预知哪家公司能挺下去。在回归牛市后，即使是那些已生存下来的公司，也未必能重现辉煌。

债券的崩盘

我认为，在危机到来时，我们最早看到的将是债券崩盘。这其中有诸多原因。

首先，全球有几百万投资者已经把他们的钱大把大把地投入到各种代表西方经济"主权债务"的债券和国库券。在这里，我说的不仅仅是美国，还有希腊、葡萄牙和法国等欧洲国家。换句话说，西方国家正在为全世界提供取之不尽的债务供给。

我们已经被无边无际的债务海洋所淹没，而这些领域又充斥了垃圾和废物。今天，债务已经和海滩上的沙子一样随处可见，不计其数。在这个世界上，无论是什么样的债务，无论是哪个国家发行的债务，都不具有稀缺性。我们都知道，任何物品的价值通常都取决于供求。我想问你，在这个世界上出现过全球债券的短缺吗？当然没有。因此，我们有的只是无穷无尽的债务供给、令人沮丧的价格和越来越少的买家。这也是促使我们探讨即将到来的债务大灾难的第一个前提。

而第二个前提在于，投资者往往倾向于在最糟糕的时刻积累起大量资产。他们总是在高进低出，贵买贱卖。要认识这样的行为模式是怎样出现的，我们不妨看看最近出现的两次市场高点：2000年科技股泡沫的破裂以及2006年和2007年期间房地产泡沫的破裂。

2000年，投资者的资金集中涌入科技股，这些股票的价格疯狂上涨，屡创新高。在泡沫破裂时，这些资产的价格也一落千丈。

而到了2006年和2007年，美国人的家庭净资产集中投资于房地产，从而导致房地产价格一路飙升。我们什么时候看到过不动产出现如此这般地疯狂升值呢？从来没有。这绝对是史无前例的。

但是，资产的最大增值通常会出现在什么时候呢？就是在接近市场高点的时候。这也恰恰是我们在2006年和2007年看到的情形。信用泛滥促使不动产价格被严重高估，因为我们是在用越来越多借来的钱去支付这个越来越高的价格。这种状况完全是不可持续的，因此，我们看到，这些资产最终大幅缩水。

从 1982 年开始，保罗·沃克尔在担任美国财长期间开始执行 21%～22% 的利率，在此后相当长的一段时间内，债券价格持续上涨，利率持续下降。那是一轮神奇的浪潮，但所有浪潮最终都要退去，而且往往是在人们把全部身家性命投入于其中的时候。

我们都知道，每一个熊市的长度和持续性均与此前的牛市成正比。我们可以看到，这个债券牛市的长度和持续性从 1982 年一直持续至今。也就是说，债券价格在过去的二十几年保持持续上涨。

现在，我们再看看今天，也就是 2010 年的情况。基于过去 10 年里出现的所有波动和涨跌，我们发现，投资者的资产对债券的集中度达到了非常高的程度。而且这还是在利率毫无吸引力的情况下，大多数债券的利率几乎相当于零！

由于一直从事客户委托理财工作，这让我有机会了解投资者资产的主要去向。实际上，在我们接受的证券组合中，85%～95% 的资金投资于国库券和市政债券。但是根据我对债券市场的观察，情况并不乐观，因此，我还是决定立刻抛出这些资产。

现在，如果出现美元倾销——这在爆发美元暴跌的时候极为可能成为现实，由于各国会竞相争夺有限的流动性，利率将持续攀升。这就为高利率的债券创造了新的需求，有了这样的需求，债券价格必然会进一步上涨。

但是，我并不推荐投资者去追逐这样的利润，因为它要求投资者精确把握投资时机。在那个时刻，市场极有可能处于极度混乱的状态，而这又会给投资指令的执行带来干扰。等到你的指令被执行时，利润或许早就跑得无影无踪了。因此，在目前情况下，对债券说"不"或许是更为谨慎和可取的办法。

流动性归去何方

首先，我们都知道，在全球层面，基础流动性一直严重短缺，同样短缺的还有真实资本。但债券决不短缺。市场到处都是债券。因此，尽管不缺债券，但实际的真实流动性却是严重短缺的。

流动性代表了人们为购买物品而实际支付的对价。但我们在现实中之所以无力支付，就在于全球范围的通货膨胀已导致所有资产均被高估。而人们能买到商品的唯一办法就是借助分期付款。你根本就无力以现金购买住房，因为一套住房的价格就是 300 万或 500 万美元，你的银行账户里根本就不可能有那么多的存款。

其次，在全球层面，全球的西方经济体都在近乎疯狂地累计早已不可持续的负债。他们想方设法积累的东西，却有可能带来紧缩型爆炸。显然，任何人都不喜欢这样的爆炸。

没有人希望这种价格达到 300 万的房产降到可以用现实流动性支付的水平。这是因为，假如我们一定要让股票和不动产这样的资产便宜到可以用真实流动性购买的价格。或者说，如果不借助于信用卡、借款或是无担保贷款，而是真实的资本，那么，我们就会看到，很多商品都会按原价 5%～10% 的价格销售。对所有在房地产这场投资游戏拥有既得利益的人来说，尤其是房地产所有者，他们都不希望发生这样的事情。于是，他们就会不遗余力地推动这些资产的价格，这样，他们就不会遭受损失，体验痛苦。

事实上，我们已经把这些债务工具或者说债券的价值推到了难以自持的地步，这意味着，它们已达到市场最高点，市场下跌的时候已经到来。

这就是我对债券市场的看法。

我相信，在全球债券总量以令人瞠目结舌的情况下，还本付息实际上已经是不可能的事情了。

美国的国债已达到 13 万亿或 14 万亿美元，现有社会权益计划资金缺口还将产生 60 万亿~80 万亿美元的负债，而已承诺的新权益计划还将另外带来 40 万亿~50 万亿美元债务。美国根本就没有钱支付这些权益计划，可以说，这些债券本来就是不存在的，现在没有能力偿还，将来也不可能偿还。

同样不存在的还有这些债券的买家，事实上，其他国家根本就不愿意购买为这些权益计划提供资金的美国债券。因此，他们的钱不会无休无止地继续流向美国。

在这个问题上，其他西方经济体始终与美国同病相怜——负债多于流动性。他们同样无力偿还自己的债务。

我相信，我们正一步步地走近全球性的债务违约大潮。我认为，这些债务中，相当一部分很有可能被彻底摧毁。债务人要么将拒绝偿还这些债务，或是经过重组谈判之后，按每 1 美元折合几分钱的比例予以偿还。假如你是投资者，并且把自己拥有的大部分净资产投资于这些号称绝对安全的国库券，这显然是一件令人恐怖的事情。

我对此的看法是，今天，这些债务工具已经成为这个星球上最不值钱与危险的投资对象。具有讽刺意义的是，这些投资在出售给投资者的时候，竟然被标榜为世界上最安全的投资，实际上，它们只不过是最不值钱的债券，因此，在宿命式的世界经济雪崩到来之前，在全球债市崩溃之前，你应该从自己的投资组合中剔除这些垃圾。

前车之鉴

但股票市场在 2000 年达到顶峰的时候，我曾祈求人们卖掉手中持有的太阳微系统、EMCs 或是美国在线（AOL）股票。有些人听从了我的建议，但大多数人还是把我的话当成耳边风。在意识到 2000 年的市场已达到最高点的时候，我曾将自己的观点公之于众，但人们对此感到义愤填膺，在整整 6 个月的时间里，我几乎被投资者彻底抛弃，没有人再关心我的投资建议。因为根本就没有人愿意听到这种市场有可能由盛而衰的论调。他们的斥责让我体无完肤，我只能默不作声。

直到纳斯达克狂跌 70% 的时候，我才在一个全国性谈话节目中找到一份差事。

当我在 2007~2008 年期间再次指出市场已达到最高点的时候，我依旧难以让人们听从我的建议。实际上，就在我指出出现顶点的时候，市场正在做着垂死前的最后一轮冲击，在这个时候，没有人愿意卖掉手里的股票。他们说："别担心，到时候我会及时出手的。"我相信这的确是他们的本意，但他们却没能做到这一点。

现实中的情况是，市场在高点时的任何动作都是如此得令人期待，令人振奋，如此得魅力无限，以至于任何人都难以割舍。不过，除非你是一个不撞南墙不回头的人，否则，你必须尽早离开，千万不要等到为时已晚的时候。**在股票市场上，最重要的原则就是在能卖出的时候卖出，而不是在必须卖出的时候卖出。**

美元崩盘的应对之道

以下几点是我们在市场崩溃面前可以作出的快速反应：

震惊、恐惧、消极、丧失信心和恐慌都是不可避免的。 即使什么都不能做，人们也会恐慌。可以想象人们在海地地震中经受的震惊。虽然说我们不一定要去经历地震这样摧毁生命的灾难，但这类事件的影响注定是深刻而久远的。人们可能会因此变得迷茫和不知所措。那种感觉就如同我们还在悠然自得地呼吸、吃饭或是和别人聊天时，一场大祸突然降临。我们在现实生活中的经历并没有什么不一样。

逐利是人的本性。 由于我们目前的汇兑形式越来越趋于无效，因此，银行在经营中也会像个人那样追逐现金。这并不是因为现金更有价值，而是因为它在本性上就易于流动，它本身就代表着纯粹的恐慌。我们将会看到，现有电子货币兑换体系存在着无法克服的问题：无法应对环境的快速变化。我们还将看到，在人们追逐更有价值的资产时，对现金、黄金和其他硬资产的需求将加速变化。

美元的迅速贬值和通货膨胀不可避免。 在以往的几届政府和美联储期间，在向市场注入大量货币的同时，国债规模极度膨胀。与此同时，我们拥有的美元也太多了。当美元遭遇急刹车并大幅贬值的时候，我们将看到，物价水平将急速上涨。这很容易就会导致两位数或者三位数的通胀率，如果再进一步恶化，甚至会形成七位数甚至是十位数的超级通货膨胀。历史上并不缺少货币严重贬值的先例，如 20 世纪 20 年代的德国、二战之后的匈牙利以及 20 世纪 90 年代的南斯拉夫，而最近在津巴布韦爆发的通货膨胀则造就了有史以来最严重的通胀率。尽管全球性通货膨胀将影响到所有国家的货币，但美国将成为最大的受害者。

食物紧张和食物危机并不遥远。 尽管任何人都需要吃喝，但大多数人并没有自己的庄稼。美国是食品的净进口国。因此，在这个国家里，大多数人都要到超市里去买食品。我们很有可能会遭遇这个食物供应链的断裂。在市场出现震荡之后，通货膨胀率马上会扶摇直上。不管你使用何种货币，都不可能买到太多的东西。我们将会看到，只要能让自己的饭桌上不缺少食物，人们会不惜变卖一切家当，或是用手里的任何东西去换取食物。我们还会看到，只要是有食品的地方，无论是国家储备粮库还是食品救济站，就会人山人海，在某些地区，甚至会因食物短缺而爆发动乱。

社会道德规范加速腐化。 在这样的压力下，人的行为往往会出现恶性发展。为维护自身利益，为了养活自己和家人，人们将不择手段。在越来越多的人为寻找资源而迁徙的同时，犯罪现象和谋杀案件极有可能大幅增加。

依赖权益计划的人将陷入绝望。 政府将重组其债务，而且可能还要削减开支，这和世界货币基金组织因希腊只偿还 50% 的债务而

145

对其实施制裁是一个道理。人们所依赖的权益计划将陷入危机，这就迫使他们不得不去寻找其他资源。如果突然没有了资金、食物、资源而且可能又没有任何交易技能，绝望中的人们就只能祈求那些拥有者了。从这个角度出发，建立社区救助系统和食品储备库将有助于避免这样的危机。

我们可能会看到过渡性警察国家。如果政府和社区有所准备的话（实际却没有这样的准备），可能会采取暂时性军事管制，以避免更多的人在暴乱中受到伤害。

有关世界末日的预言和传闻将进一步抬头。当整个人群处于恐惧状态时，机会主义者的机会也就到来了。各种各样的流言和骗局应运而生，我们会听到一夜暴富的计划、海外投资的庞氏骗局、极端主义分子或政治团体、世界末日的先兆、宣称摄魂日即将到来的虚假预言以及只用信用卡支付 9.99 美元便可保全性命的秘籍，开始流传蔓延。

熊市会再一次卷土重来吗

美元的持续贬值让这样的期待或许会成为现实，但绝非肯定。在货币价值以及石油和黄金等大宗商品的市场价格发生波动时，股票市场必然要作出相应的反应，但股票价格更多地还是取决于公司自身的价值和收益能力。我们必须牢记，房地产泡沫的破裂已经让美国遭受重创，这种危机已导致国内企业的价值损失 40%。此后，企业破产、工人失业等噩耗开始持续打压股票价格，而消费支出的减少更是让他们雪上加霜。

金融公司遭受严重损失，但还在垂死挣扎。其他公司则因丧失持续经营能力和竞争力而关门大吉，因此，摆在我们面前的事实已再清楚不过。很多企业都在歇业，很多企业行将破产。股市更多地依赖于企业经营形势，而不是货币市场的态势。我们将会遭遇又一轮熊市，因为经济形势正在恶化，而不是因为美元正在贬值。

自 2009 年 3 月以来，市场已经出现反弹，但这显然不足以形成牛市。市场的暂时性反弹和真正的牛市之间存在本质性区别。反弹只是股票价格的总体性上涨，而牛市则是总体经济形势的好转。它能创造就业，它会带来更多的 IPO，企业开始寻求公开上市，全球资本市场的投资重点开始转向新兴行业、新企业和新经营思路。这些新公司、新行业和新思路创造的就业，让投资者可以分享经济繁荣带来的收益，体验国家和市场带来的新增长。

无论是对美国市场还是其他国家的各类市场和西方经济体，都要面对就业这个基本挑战。因此，我们完全有理由担心，美国和欧洲经济能否替代已经转移到亚洲的就业岗位，以及在新技术和新行业诞生的时候，他们能否创造更多新的就业机会。考虑美国等西方经济体的制造成本，出现这种情况几乎是不可能的。

为了应对即将到来的熊市，我们必须关注某些微妙的信号。

任何可以定义为熊市的市场，首先必须具备两个特定条件，而且这两个条件相互结合。

1. **条件之一就是存在特定的"基本价格趋势"。**我们都知道，如果市场的基本价格趋势为上涨，那么，我们就可以利用这个趋势，但前提是我们找到合适的入市价格。但如果我们看到的是异常波动的价格，或是反复出现阻力线，或是看到价格开始停滞，那么，我们就必须对这些市场信号提高警惕，因为它们说明市场正在为进入下跌趋势而积蓄力量。

2. **我们需要关注的另一个条件就是短期性的价格飞涨，比如我们在近期市场反弹中看到的情形。**价格飞涨的意义在于区分到底是经济确实出现增长，还是因为其他原因而带来的价格上涨？

在这里，我们不想讨论因内部交易造成的价格上涨。所谓内部交易是指这家面包房把自己生产的面包卖给比萨饼店，或是那家自助洗衣店给这家加油站提供服务。我们所探讨的价格上涨，应该源于通过就业创造、出口和真实生产而实现的经济增长，它是把本国生产的产品出口到国外，从而在全球层面上赚取利润，获得真实资本。

但是在缺乏真实经济增长的情况下，我们只能通过其他原因来解释眼前的价格上涨。如果一个国家不能把自己变成一个以出口真实商品而实现增长的实体，那么，我们就更有可能看到，熊市将不可阻挡地再次降临。我认为，随着西方经济体不断渗入全球经济实体时，下一轮的熊市将成为有史以来最具破坏力的熊市。

要理解下一轮熊市到底会给我们带来怎样的灾难，唯有历史才能回答这个问题。在1929年的大熊市中，股票市场狂跌90%。我可以告诉你：如果你发现大盘普降90%的话，那么，个股就有可能暴跌98%，甚至是99%。

在1973年和1974年，我们再次遭遇石油禁运、天然气危机、以色列与埃及之间的数次战争以及中东地区的诸多冲突和动荡。在此期间，股价平均下跌幅度超过85%。

在2000年到2003年期间的熊市中，我们再次目睹科技股泡沫的破裂。当时600美元的股价在3年之后仅剩下可怜巴巴的2美元。

而在2008年的熊市中，我们看到的则是道琼斯指数从14 000点直跌至6 000点。在这期间，花旗集团的股价从每股50美元骤降至每股0.97美元。我们没有在这上面犯错，我们自己也是市场的不可知论者。熊市是一场灾难，但我们对牛市和熊市一视同仁，我们的公司——九点资产管理公司 (Nine Points Management & Research)，无论是在2000~2003年的股市危机，还是在2007~2008年的市场崩盘，都在危机中寻找着获利点。

第7章
新世界的政府秩序

随着政府越加笨重和庞大，他们也开始变得越加陈腐和复杂。我们已经知道，一个过分复杂的封闭式体系将会不可避免地经历熵的作用，并在最终达到某一临界点的时候彻底解体。

任何政府和领导者都没有权利无限制地去统治这个国家和社会。在历史中，政府总有起伏与生死，权力永远都要更迭换位。正是这个原因，政府才不得不绞尽脑汁地维护其无所不能的假象。因为只有这样，他们才能维护其统治，继续成长扩张，这当然也是他们的真实目标。

今天，我们看到这样的情形依旧在全球范围发生着。随着政府越来越庞大，越来越笨重，他们也开始变得越来越复杂，越来越陈腐。我们已经提到过，一个过分复杂的封闭式体系将会发生什么：他们将不可避免地经历熵的作用，并在最终达到某一临界点时彻底解体。

我相信，某些国家正在接近这个临界点。正因为如此，才促使我相信，我们有必要建立一个在"新世界秩序"下运行的中央政府。

这个中央政府的权力和责任再清晰不过了，那就是维护全世界和所有生命的共同权利。

在随后的章节里，我将阐述一下本人认为这个"中央政府"需要解决的问题。当然，这只是我的个人观点，尽管我认为建立这个"中央政府"的原则是公平公正的，但如果它在实施过程中遭遇巨大阻力也是有道理的。

把政府关进笼子里

在"新的世界秩序"下，中央政府必须拥有管理个别国家规模

150

及其增长速度的权利。

当一个政府的规模变得过于庞大时，它就会变成一个依赖于国民的寄生虫，进而严重遏制经济的增长速度。一个超重的政府可以控制经济和这个国家的社会阶级划分。它很可能变成抑制经济增长的消极力量，并肆无忌惮地对国民横加控制。

政客们总是擅长说服自己的臣民，他们的政府要比国民看到的政府强大得多。但如果没有国民的认同，任何政府都不可能控制其人民，推行其政策，而政府获得这种认同的唯一途径就是让人民相信，作出这种认同符合他们的自身利益。

为此，政府就要动用宣传工具、勒索、恐吓和欺诈。他们会以军队、枪支、坦克或炸弹相威胁，有时甚至会动用国土安全部的橘黄色警告灯。人们之所以拥护政府，是因为政府已经让他们相信，这样做最符合他们的利益。某些时候，这也是他们唯一的生存之道。

但是仅就数量而言，国民人数远远超过政府人员的数量。一旦政府发现自己的权力正在被削弱，我们就会看到，他们就会为了生存而疯狂反扑，制造恐怖并加强统治。

有些政府可能会动用法西斯式的策略，对那些可能动摇其权威的人群，实施残忍的威逼、恫吓甚至是种族灭绝。有些政府或许不会用栅栏、铁丝网和机关枪，但他们依旧不乏制造恐怖的手段。他们可以通过宣传工具、误导性舆论或是制造不安定情绪，以达到恐吓和混淆视听的目的。

但我认为这些均为时已晚。人们已经不再孤立无助，越来越多的人开始认识本国以及世界其他国家正在发生的事件。

当已经对变革做好准备的国民达到一定数量时，熵的作用过程就会开始，通过不可阻挡的社会变革大潮，最终带来不可回避的结局。我们将会看到，现有的结构和他们的权力将会大打折扣，与此同时，结构性重组将拉开序幕。

最终，我们将会看到某种形式的崛起与变革。人们会采取反抗手段。到那个时候，我们可能会看到动乱、谋杀和各种令人发指的暴行。动乱的地点或许是发生在俄罗斯的一场汽车连环爆炸，随后便会像野火一般，迅速蔓延到中东，越过欧洲，来到南美洲，最后烧遍美利坚合众国。

我不知道这样的事情到底将如何发生，或者将以什么形式发生。我也不知道如果用 5 年的时间去考察某个政府的话，是否会看到这样的结局，抑或是 10 年。当然，甚至也有可能是一周，或者是 9 天，或是 9 年。

我建议我们的领导者认真对待自己将以何种面孔被写进历史教科书。聪明的领导者不再为下一次连任而冥思苦想。他们将不再消极生活，也不再无谓地浪费宝贵的时间、精力和金钱，去维护必将永不复还的生活方式和已经永远逝去的现实。他们也不会为了让自己显得更加光鲜靓丽而去诋毁其他候选人，而是用追求和实干去书写自己的业绩。

对于那些紧跟时代潮流、积极参与社会变革的聪明领导者，他们会与国民共同面对眼前的问题。聪明的领导者将勇敢无畏，他们会走在前面，出现在国民中间，让国民看到他们到底在为谁服务，用业绩衡量他们。他们将采取果断措施，与国民携手并肩，共同起草这个中央政府的基本宪章，进而监督并维护好这个世界及其全部生命的共同利益。

新的领导者将以新的现实为出发点，努力恢复社会秩序，积极修复损失，致力于寻求全球性问题的解决方案，他们的奉献将为后人所铭记。

我认为，归根到底，在"新世界秩序"下，我们需要以更加有效和平等的方法，公平反映全世界所有人群的利益，这就要求所有人都有自己的代表。这种代表可以人数为基础，比如说，每个人可以代表 2.5 亿人，这样，我们就可以建立一个 300 人左右的联合会，它在形式上类似于联合国，但拥有更大的权威。

这些代表不一定要代表某个国家，相反，他们将代表特定的地区或种族。这就意味着，国界已经不再有意义，而保卫这些人为设定的边界同样也就不那么重要了。

我们不应仅忠诚于美国国旗

我更主张独立性。独立本身就是伟大的。我爱我的祖国，并为这个国家的文化以及先辈的志向感到骄傲。因此，千万不要认为我会放弃自己的美国国籍或者让我作为美国人的所有标志。但美国并不是世界上唯一有自己国歌和国旗的国家。实际上，每个国家都希望自己的居民拥有国家荣誉感。国籍则是表明个人身份的基本方式。

绝大多数国家都会在公民还很年轻时便开展这种教育。孩子们需要面对国旗表达自己对国家的效忠。在美国，几代人都是在上学时候做出宣言："我向上帝发誓，我将忠诚于美利坚合众国的国旗……"每一年，美国都要举办庆祝独立战争的纪念活动。我们会高歌赞美那场伟大的战争，歌唱"烟火的红色火焰"，它让战士们在深夜中依旧能看到他们为之战斗的国旗。当然，其他国家也有这样的传统。

这些传统可以让国民更深刻地认识自己的国家，认识自己的文化，并灌输一种"你们"与"我们"之分的思想。但这种"你我有别"的思维也会带来问题：分离主义态度会创造和加剧紧张、分歧、对立甚至是战争。国家主义也是不同社会相互对立的根本原因，它让人们各保一方，互相杀戮。

这种"你我有别"的思维一直是人类历史上某些最恐怖和邪恶行为的根源，比如日本的"神风敢死队"、法西斯的集中营以及每天发生在世界各地的数百场战争。当悲痛万分的家人看着一堆堆尸体袋从军用飞机上卸下时，当他们领到死于战争的儿女的遗物时，我们的领导者还在用这种个性化的国家主义思维去安抚他们的创伤，减轻他们的苦楚。

153

但是，我们不难发现，那些充满国家自豪感的政府领导者永远也不可能成为战死沙场的战士，也不可能是田间耕作的农民。政治领导者永远都是安全的，他们可以坐在家里心安理得地看电视，然后又跑到媒体面前，口若悬河、故作伤感地评论上一次重大伤亡。我们同样不难注意到，尽管战场就是人间地狱，但就是这里，那些售卖物资军火的大公司却可以拿到实实在在的利润。

一旦我们不再把有限的能量和资源用来保卫所谓的国家利益，一旦我们把那些自以为是、假仁假义的政治家赶下台，"新世界秩序"就将大行其道，促进全球效率，经济改善与环境的可持续发展。全世界人民就能更多地去关注全人类面对的当务之急，就不会再去用战争去保卫当权者的国家荣誉。我不想用自己的枪口对准任何一个国家的任何人。我更愿意坐下来促膝闲谈，共享午餐。你难道不喜欢这样吗？

摒弃国家主义的偏见

放弃我们的国家身份对大多数人来说是一种威胁。但我说的并不是要彻底放弃国家和民族身份。我所倡导的，是消除那些政治和企业精英为发动战争并从中得利而宣传的狭隘的国家个人主义。我认为，只要以合理的政策和措施维护不同文化之间的固有差异，那么，任何消除个人身份、融入大熔炉的思想都不足以担忧。

有效的"新世界秩序"并不需要同质化的文化，相反，它的实质在于求同存异。这个世界有几十亿人，包含几百种不同文化。马赛族战士跳舞的传统已演变成今天的体育舞蹈比赛，同样被保留下来的民族传统还有德国的啤酒节和日本的樱花节。这些独一无二的文化特征有其不可磨灭的价值，我们必须以足够的容忍度去接受这些文化特征，去保护它们。我们可以在维护自身独有的国家身份的同时，强调我们的相似之处。只有这样，我们才能和谐地共生于这个星球,让约翰·列侬的"让全世界成为一家人"的梦想成为现实。

让我感到不可思议的是,那些希望和世界上每个人做生意、到世界上每个地方去实现统治的政府来说,一旦它们各自的国家地位和边界受到威胁,它们就会怒不可遏。但这就是事实。也正因为这样,我才没有说,我们可以消除这个星球上的所有边界,至少在现在还做不到。而我想说的是,那些人为划定的国界线不可能成为永恒的界限。

相反,我认为可以把国家看做这个全球中央政府下属的州。这些州或地区的划分既可以是符合逻辑的某个地理界线,也可以是我们在前面提到的文化特征。这些类似于州的地区也可以有自己的标志性旗帜,就像美国的各个州一样。

但即使是形成这样的结构,也不可能由唯一的权力中心主管一切事务。这样的单极权力中心将破坏代表公平分配的基本思想。因此,有必要采取某种特定的审核及制衡机制,在中央政府掌握某些权力的同时,各个国家或地区保留其他职责。例如,对转运网络和其他运输实施地区性监管,或是继续保留旅游签证。对于特定类型的经济交往,可能还需要通过某种形式的地区性监管对兑换体系实施管理,同样可以纳入地方监管的还包括公共服务和司法等事务。

在这里,我们不妨再看看在多个国家开展政治活动的方式以及我对这种改革的看法。在"新世界秩序"下,如果政府由来自全球不同人群的代表进行管理,那么,这些代表就必须以某种公平的方式选举产生。他们可以是来自于一个地区的实际选民,也可以来自某个机构且已经具备特定资质的官员。不管源自何处,我都建议他们不应该代表任何政党。这就是原因。

在美国及其他国家,政治党派是划分社会阶层、形成人与人之间不平等关系的基础。这就使得政党领袖可以在问题面前无休止地辩解抵赖,而不是主动解决问题。他们既有可能扮演好警察,也可能成为坏警察,但是从本质上说,政党之间并没有区别。他们都需要权力和控制。为了取得这种权力和控制所需要的资金，他们都要讨好企业。所谓"改变"只是空话，他们的真实目的永远不会有丝毫的变化。

这种由政治派别造成的分离显然不是中央政府的组成部分。消除党派也就消灭了我们今天在美国及其他国家所看到的各种政治烧钱机器。这可以避免让那些先期投资政治的政客们成为执政者。由于选民可以严格按具体事件、以往的选举历史和基本个性进行投票，而不是左右于某个政党领袖的个人魅力，因此，这就有可能改善各个地区的选举过程。消除这些势不两立的政党，还将让更多更优秀的领导者成为执政者，而且不会带来对其个人和家庭的人身攻击。

文化多态才是幸福本源

中央政府应保护各国的文化认同，避免好心办坏事。

这里的好心办成坏事到底是何含义呢？有的时候，我们的本意是为了促进文化或是改善环境，但最终却给它们造成了伤害。作为接受方的文化不能适应现实变化或是某些意料之外的相互作用，都有可能造成这种消极后果。

我知道，世界上最大的慈善机构曾出于爱心，为减轻当地人民的灾难而向非洲和南美洲提供了大量援助，还有一些基金会出资救助处于饥饿中的非洲儿童。可以肯定是，在这种善意的干预中，经常会加剧业已存在的问题。

我们可以用一个实例来说明这个问题。几百年以来，非洲人民始终在艰难地与自然抗衡，与环境相处。多年以来，尽管干旱与战争持续造成人口迁移、饥荒和疾病，但他们的文明始终在自身的节奏中持续演化。不过，随着西方思想的引入，这些固有的文化受到干扰，遭到破坏，今天，我们可以看到，很多非洲人仍生活在混乱和纷争之中，无数人成为暴力和毒品的受害者。所有这些行为难道不是来自我们西方的文化吗？

我们不妨回顾一下 19 世纪西方文明在美洲大陆的传播与扩展过程。来自欧洲大陆的拓荒者和传教士把天主教带到印第安人的部落。疟疾、天花和霍乱让数千土著人像苍蝇一样死去。但有历史记录表明，其中的很大一部分疾病是人为传播的，这种说法至今仍有支持者。早期旅行者通过这些干预造成的伤害，显然让他们的善意大打折扣。

直到最近，人们还对某些人道主义行为心存疑虑。来自北美、欧洲和东亚的年轻一代始终在研究设计，他们希望以理想化方案推动人道行为，实现他们善良的初衷。一项名为"河马滚筒"（Hippo Roller）的援助活动最能说明这个问题，该活动旨在帮助南美洲农民在不需要加大投入的情况下增加农业用水的输送距离。尽管"河马滚筒"取得了良好效果，但也带来很多复杂的问题。

越来越多的西方专业人士已开始警告他们的同伴：好自为之，不要想当然办事。比如在印度，人们已经开始批评由西方赞助的"每个孩子一台电脑"的爱心活动，在他们看来，这项活动代价高昂，最重要的是，它根本就无助于解决印度的基础教育问题。

布鲁斯·努斯巴姆 (Bruce Nussbaum) 在《人道主义行为是不是新的帝国主义行为？》一文中指出："……印度政府之所以排斥'每个孩子一台电脑'这项慈善援助活动，完全是因为它已经被当地政府看做新的技术殖民主义，它让那些本应对国民教育承担责任的人——决策者、教师、课程和父母，开始袖手旁观。'每个孩子一台电脑'活动也没能进入中国。同样，在其他作为最初设计对象的大国，该项活动同样未能得到接受。"

努斯巴姆指出，很多慈善援助活动的接收方认为，西方人道主义活动设计者完全是从他们自己的角度、而不是当地人的角度看待问题的。还有人认为，当地并不缺少解决自身问题的人才，而这些外来的施善者却常常把自己当做救世主，在当地人面前耀武扬威，事实上，他们只是在自作多情。所以说，你的善良本意很有可能带来不受欢迎的结果，甚至是敌视。

一名巴基斯坦人在回应这篇文章的时候说："面对美国及欧洲公司、军队和政治家们的行为给他们带来的灾难，这些国家慈善家的努力已经毫无意义了。因此，正是西方文明的来临，印度人目睹了'博帕尔惨案'（1984 年 12 月 3 日凌晨，美国联合碳化物公司在印度邦博帕尔市北郊的工厂发生爆炸，泄露的毒气造成数以十万人的死伤，成为人类历史上最严重的工业灾难之一。——译者注）以及联合碳化物公司的毫无责任感，而孟山都公司的种子则让印度农民走上自杀的道路；另一方面，也有很多西方人给他们带来清洁的饮用水。对大多数非洲和亚洲人来说，西方世界既给他们带来了灾难，但也有一些则给他们送来了礼物。因此，他们很难信任这种双重目的的行为。"

但我在这里只想说的是，当国外实践或侵略性组织深入一个社会的时候，它们很可能会加重原有的问题，加剧当地社会的痛苦与不协调。我认为，和自由市场中的企业一样，我们同样应该让文化沿着固有路径，自由地演化和起伏。

我认为有必要给大家做一个提醒："任何善行都不应该受到惩罚"。但是在上述分析的情况下，慈善行为的接收方却成为被惩罚者。因此，我认为，中央政府的一项基本责任就是要保证，任何对已有文化采取的援助和干预，不管它的本意是多么的善良，都应该对它们给接收方及其后代人可能带来的潜在副作用进行认真评估。

保护我们的陆地与海洋

中央政府应拥有凌驾于任何组织机构之上的权力和义务，对全球资源实施有效的保护和维持。

我们生活在一个资源有限的星球上。在此时此刻，人类的足迹已经踏遍这个星球 75% 的土地表面。我们一直在采掘矿产，砍伐森林，建坝拦河，占地盖房，给大片大片的农田铺上混凝土。

我们不仅在加速耗费有限的资源，而且还在这个过程中，污染和毒害着我们脚下的地球。我们用化肥、杀虫剂、激素和石化产品等各种各样的化学物质洗劫着我们的土壤、水还有我们自己的 DNA。我们用健康换取财富，让我们疾病缠身，让我们承担着难以背负的医疗成本。这无疑是一个只有受害者没有受益者的局面。从此以后，我们将不能再对自己的贪婪和盲目熟视无睹，因为我们对经济繁荣的追求已经给环境带来不可恢复的伤害。

这显然是一个不容忽视的严重问题，我认为，这个中央政府必须禁止为私人利益而以破坏全球环境为代价对自然资源的大规模开采和利用行为。

在这里，我要说的是为节约成本而随心所欲地开展钻井采油，置民众生命和生态破坏于不顾；我还要说的是企业为钻取天然气而不惜损害我们脚下的蓄水层；我想说的是人们对被保护动物进行秘密的非法屠杀；我还要说的是对换取近在眼前的私人利润而恣意破坏森林和千百万生物赖以生存的栖息地；我更要说的是捕鱼业正在让我们海洋的食物资源遭受浩劫。

例如，蒙特利湾水族馆建立的环境保护基金会和海产品保护学会的文件中记载着这样一件事情：在澳大利亚海岸线有一种珍贵的深海鲈鱼，由于捕鱼业不了解这种鱼类的生命和生育周期，导致这种鱼已濒临灭绝的境地。事实上，这种深海鲈鱼可以活 100 年，而且在达到 30 岁之前不会生育。因此，任何继续按目前对深海鲈鱼进行大量捕捞的做法，都会使其种群数量在几十年内彻底消失，目前唯一的解决途径就是彻底禁止捕捞。

这种过度捕捞带来的另一个危险来自捕捞所采用的方法。海底拖网捕捞的结果就是捕尽海底的所有鱼类，因此，这还将破坏其他数百种鱼类的栖息环境。

更让我们感到羞愧难当的是，一旦渔民发现了较大的鱼群，他们就会让这个鱼群出没的海域片甲不留，但是在供给过剩造成市场价格大跌的时候，他们又会把自己的战利品扔进垃圾堆。我们不难想象这样的情景：我们用 100 年的时间养大一条鱼，然后再把它扔进垃圾堆，那将是怎样的一种痛苦和难堪。

如果用这样的方式继续消费我们有限的自然资源，我相信，我们很快就不得不用人工养殖的鱼产品和人工林来满足这个世界的需求了。

与此同时，中央政府可能还需要组建一支资源保护力量，负责保护自然资源，监督和防止企业实施危害环境的做法。我们不妨想象一下森林保护者手执枪支看护老林子的情形。

尽管这样的例证不胜枚举，但我觉得我的观点已经很清楚了。中央政府必须拥有足够的权利和义务去限制污染，监督空气和水资源质量及矿产资源的开采。此外，这个中央政府还要对捕鱼方式实施监督，以维护所有生物的生存和发展，同时协调动物权利，保护野生动物和濒危物种。总之，中央政府应为这个星球上一切自然资源的利用、保护和繁衍创造更广阔的空间，而不管它是动物还是植物。

在这个方面，中央政府的职责在于监督全球的环境均衡，而为这些资源的分配提供经济上的均衡则是自由市场的天然使命。

全世界并非只有美元

"新世界秩序"的中央政府还应负责维护全球企业与个人从事商品交易所需要的货币和借贷交易体系。它还将对货币工具的形式及其发行过程实施控制。

美国刚刚声明，它希望能以一揽子货币取代美元作为全球储备货币的地位。这表明，这个全球领导者已经为迅速改革当前货币体系敞开了大门。但这显然还不是我们所讨论的全球交易汇兑体系。

我设想的是单一型通用货币。在这种制度下，不再需要汇率，银行也不能再通过隔夜利息赚取利润，也不存在可以通过货币利差赚取利润的方法。我们不妨把它称之为"全球统一汇兑体系"，它具有创建和维护全球货币体系的双重使命。

这种新的货币可以采取多种形式。它既可以是某种新铸造发行的纸质或金属形式的有形"法定货币"，用以取代世界各国先行采用的所有货币。当然，那也可以是通过指纹、声音或虹膜进行识别的安全的信用体系，还可以是其他完全不同的形式。我个人更倾向于采用通过某种个人信息或磁卡芯片等媒介进行识别的信用记账体系。现在，我们不妨暂时放下这个问题，首先看看我认为这个中央政府应该承担的另一项使命。

中央政府可以制定和维护针对银行业、投资和信用服务的政策，以确保适当的风险管理、现金储备率以及对交易和投资情况的监督和通报。

本书的目的并不在于评价全球货币监管体制。这些政策太过于复杂，显然不是我能力范围之内所能企及的事情。但考虑到全球银行业及投资业的动向，制定一个以实现经济均衡为目标的政策，显然应成为维护这种全球货币的一个相关范畴。

毋庸置疑，在未来的"新世界秩序"下，必须以强大的监管体制维护这种通用"法币"的稳定性，而中央政府则需要建立一整套严格的合规性政策。但是，在新的汇兑体系出台之前，要研究这种政策到底应采取何种形态几乎是不可能的。但更有可能的是，随着新的全球性借贷记账体系浮出水面，当前各种滥用金融政策和金融工具来浑水摸鱼的现象将不复存在。

摆脱剥削你的债务

中央政府应保护世界各国免受经济和社会剥削。

要理解我在这里所说的剥削，我们只需要看看那些被强制性债务所操纵和被国际货币基金组织、世界银行和美洲开发银行所剥削的第三世界国家即可。作为说明这个问题的一个实例，我向各位推荐斯蒂芬妮·布莱克（Stephanie Black）拍摄的纪录片《生活与债务》（*Life and Debt*）。这部影片揭露了这些国际组织如何在 1977 年合谋推翻牙买加政府。这个故事错综复杂，因此，我在这里仅作简单总结，你可以选择上网在线观看这部影片。

牙买加是一个自然资源极其丰富的国家。人口主要是原土著部落的后代，就在事件发生不久之前，这里还是一片非常富庶与安居乐业的乐土，不仅有高度发达的乳制品行业，良好的农业基础更是让这个国家几乎完全可以实现自给自足。

到了 20 世纪 70 年代，国际货币基金组织、世界银行和美洲开发银行开始涉足牙买加国内事务，他们把发展的诱饵和西方的繁荣摆在这个国家的面前，并说服该国政府开放国内进口市场。但是，随着这个国家为接纳西方生活方式而让自己积累起越来越庞大的债务时，整个社会也逐渐与自给自足的固有经济体系越来越遥远。

1976 年，为阻止西方世界对本国的剥削，牙买加前总理迈克尔·曼利（Michael Manley）当选为一个反国际货币基金组织领导人，他在独立后的演讲中指出："牙买加政府决不再容忍其他任何国家的任何人对我们指手画脚，告诉我们应该怎样做。我们的国家毕竟不是用来买卖的。"但就在一年之后，迫于无奈，迈克尔·曼利最终与国际货币基金组织签署了第一份贷款协议。这种被迫接受援助的做法已成为整个第三世界国家里的普遍现象。

就在布洛克拍摄《生活与债务》这部影片的时候，牙买加对国际货币基金组织、世界银行、美洲开发银行及其他国际机构的借款总额已超过 45 亿美元，但牙买加人却没有看到这些贷款所承诺的发展。相反，牙买加每年需要支付的贷款利息就已经远远超过他们的产出能力，绝大多数牙买加人的生活受到严重影响，生活水平每况愈下。货币兑换、贷款重组、偿付利息再加上工资控制，让当地的劳动力沦为奴役，失业、腐败、文盲和暴力事件不断加剧。食物价格飞涨，医院停工，贫富差距明显拉大，这一切为随后的经济危机埋下了伏笔。

作为"自由贸易区"的一部分，一些美国企业希望在这个支离破碎的土地上实现资源调整，甚至还想继续剥削他们原本已经令人同情的经济，而牙买加却只能无可奈何地对他们敞开大门。但是，《北美自由贸易协定》却让他们原本令人沮丧但却弥足珍贵的最后一点就业机会也让给了墨西哥、哥斯达黎加和多米尼加共和国。

牙买加人民无力再养活自己，他们已无力为自己提供足够的粮食。他们只能依赖进口奶粉，而不是他们曾经引以为豪的奶品制造业。他们也无法组建工会，因为国际组织已经控制了牙买加的金融命脉，而本国的金融体系则被彻底摧毁。不幸的是，在众多正在沦为强权国际组织奴隶的第三世界国家中，牙买加不过是其中的一个案例而已。

我认为，这些国际贸易和货币组织似乎是在用自己的有色眼镜来看待其政策和行动的长期效应。但是，是不是每个人都想占有更多的物质呢？是不是每个国家都想参与全球贸易呢？答案是——"未必"。

如果你给孩子一只胡萝卜，孩子就会吃这个胡萝卜。如果你给孩子一只冰淇淋，孩子可能还想要一只冰淇淋。他可能会根本就看不上胡萝卜，或者干脆用这只胡萝卜换更多的冰淇淋。但是，假如手里有冰淇淋的话，他根本就不会去吃胡萝卜。而实际上，胡萝卜对孩子的健康更有益处，假如国际货币基金组织从来没有推着光鲜靓丽并响着动人音乐的小车，来到这里免费发放味道鲜美的"Rocky Road"冰淇淋，他们或许永远都不会怀念冰淇淋。

我们必须考虑对一种文化或经济实施干预可能带来的长期影响。我们必须反复质问自己：你的干预是否会危及这个国家现有的可持续性和福利。我们不能只因为自己觉得这样做对别人好，就可以肆无忌惮染指他们的蛋糕。如果我们让牙买加这样的事情任其发展，那么，我们就是在偷窃别人的蛋糕，而给他们留下的只有一个空蛋糕盒。

此外，一个有效的中央政府还可以监督像牙买加这样的第三世界国家发展状况如何，鼓励国外经济合作伙伴通过自由贸易，而不是债务操纵，以实现共同发展，它还可以积极对这种带有剥削性的企图实施监督。

我认为，单一形式的兑换工具再加上某种可接受的"法币"，完全有可能消除不平等的货币套利给债权人带来的大部分权力。我相信，只要减少这种权力的失衡，出现类似于牙买加这样死循环的可能性将大为减少。在最理性的情况下，这个中央政府或许可以采取类似于美国人最信奉的行为准则：不破不修，得过且过。

政府应该扮演什么角色

中央政府应对大规模自然或人为灾难的应对措施进行控制和协调。这些灾难不仅涉及环境污染、漏油和致命性疾病的传播等事件，还包括地震、海啸及火山爆发等自然灾难。

目前，政府在自然或人为巨大灾难面前几乎束手无策。

美国政府对卡特里娜飓风真的作出了有效反应吗？在人们疏散到足球场之后的 3 天时间里，没有食物，没有饮用水，更没有医疗救护，美国政府还是抓耳挠腮，而随后救援的愚蠢也变成了人们的笑料。

全球在 2010 年海地大地震中的应对措施又怎么样呢？那些本打算伸手帮忙的政府根本就没有任何协调，最后反而给海地人添了不少麻烦。

世界对 2010 年墨西哥湾石油泄漏危机的反应呢？很多国家积极提出救援请求，但最终控制大局、成功堵住泄漏油井并防止进一步海域破坏的却是最大的既得利益者——英国石油公司。这无异于引狼入室。美国的政府领袖们只是无可奈何地摇了摇头，把钥匙扔回给了英国石油公司。

在每一次危机期间，政府都有机会改变时局，但是在很多次面对危机的时候，我们的领袖们都会选择顾左右而言他，闪烁其词，用职业外交家的口吻故作姿态，或是干脆假装毫不知情，等着危机自己过去，他们真担心自己和危机搭上什么瓜葛。

原因何在呢？因为他们可不想让自己的形象和声誉受到丝毫的损害，更不想失宠于民众。因为不管你做出怎样的决定，总会有人不高兴的。但这决不能成为政府领袖可以选择模棱两可、闪烁其词或是干脆选择假装毫不知情却等着危机过去而自己什么也不做的理由。

世界各国的政府在控制金融衍生品行业方面到底做了些什么呢？这显然是一场本来不应该发生的人为灾难。假如有一个中央政府能从长计议认识到灾难的可能性，并在一开始就制止这些不良行为，那么，这场灾难根本就不可能发生。任何有可能造成全球影响的投资工具都应该符合全球性规则，难道不是这样吗？

对此，我的观点是，从全人类的统一角度出发，依靠每个国家约束其贪婪和自我利益，主动保护受其决策影响的其他国家的利益的时代，显然已经一去不复返了。

第8章
新世界的生态链

我们的生态系统完全是相互依赖的，我们没有权利去破坏这个体系。我们应该记住，我们必须保证自己能够与环境和谐相处，我们也必须保证每个人都能够融入这个系统之中。

对于我在前面几章讨论的"新世界秩序"，主要思想还是集中于监管、经济、资源的公平使用以及各国的公平待遇问题。但切实可行的"新世界秩序"显然不止这些大政方针。这个"新世界秩序"还将影响我们每个人的生活方式以及全人类的共生方式，我们将如何使用和共享有限的资源，如何养活并照顾好自己，以及处理我们与环境的关系。

作为地球上的一个物种，我们人类同样也处在进化过程之中，而这个进化过程的基本因素就是要求我们必须与环境和谐相处。我们必须认识到，一切生命形式之间都是相互关联与相互制约的。我们必须学会与资源共生，而不是脱离资源独自生存。

著名细胞生物学家布鲁斯·利普顿（Bruce Lipton）与专栏作家斯蒂夫·伯曼（Steve Berman）最近合著了一本名为《自发性进化》（*Spontaneous Evolution*）的书，该书阐述这种相互关联性以及我们在人类进化即将发生飞跃的时刻将何以应对。我认为，这个增长进程的一部分内容，就是环境意识的深入，即我们将如何对待自己的环境。

我们不妨用一个例子看看这个问题。

每天早晨开车上班的时候，我必须要在中途的一家商店停一下。在停车场，我看见一个人坐在1500马力的大卡车里。他打开烟盒，拿出烟，然后随后把塑料烟盒扔到停车场上。

没有办法，假如是在他的院子里，他会怎么做呢？如果是邻居的院子里呢？我想他不会这么做，因为他会觉得这会影响到自己的房子，关系到邻居的家居环境。既然如此，他为什么要如此对待眼前的环境呢？

因为这是"别人"的环境。我们已经与自己的环境断然分离，以至于我们甚至不能理解，另一个半球的人们也在和我们呼吸着一样的空气。正是因为我们可以让自己和我们的环境以及其他所有人隔离开来，才让我们能够玷污和剥削我们的环境和其他人。

但这里却隐藏着问题。这个星球上生活着几十亿和我们一样的人，而且我敢打赌，在我们当中，99.999% 的人基本是在为自我利益而生存的。我们一直在积累着污染和垃圾，也一直生活在自己创造的污染和垃圾中。我们一直在制造疾病、毒素和失衡。我们一直创造本不应发生的痛苦和灾难。

这种隔阂意识必须让位于我们对同处一片蓝天下的现实越来越深刻的认识。我们共享同一个生态环境。我们都需要水、空气和食物。每当我们呼吸新鲜空气的时候，我们就已经与这个星球上的其他所有生物密不可分。我们根本不可能把我们的生存与环境断然分离，我们也不可能把我们的生存与其他人和其他物种断然分离。

我们都是整个食物链的一部分，我们已经把自己看成是这个食物链的顶端，但事实上，这并不能让我们比生长在海洋最深处的浮游生物好多少。即使我们消灭其他物种，打断目前的食物链，我们还能轻而易举地在原属于其他食肉动物的食物链中间部分为自己找到午餐。这公平吗？我们正在清除黑熊和美洲狮的食物，它们又用什么去取代自己失去的食物资源呢？我想问问，这难道又公平吗？如果黑熊和美洲狮能说话，它们或许也要问这个问题。

我对此的观点是，我们自己也不能与种族灭绝永远隔离。恐龙曾经是这个星球的统治者，但它们还是灭亡了。因此，我们的首要任务必须是随时维护我们生态环境的健康，否则，我们就会重蹈恐龙的覆辙。在这里，我们讨论的是人类作为一个物种的生存，而非他物。我们未来的生存将取决于我们能否减少给地球带来的副作用。

　　作为"新世界秩序"的一部分，向可持续型世界的转化取决于我们在认识上的转变，取决于我们对所有事物都具有统一性和关联性的认知和接受。2010年的影片《阿凡达》便通过对旧世界与新世界的精彩描绘体现了"万物归一"的概念。

　　我们在这个世界上的很多领域都能看到这种意识转变，但作为个人，大多数人则对此置若罔闻。有的时候，他们是出于无可选择。在这个星球上，大多数人最关注的依旧是眼前的生存，而对他们是否在破坏环境则全然不顾。这种情况在那些战事连绵的第三世界国家尤为常见，生存是一种此时此刻的现实体会。这完全可以理解，这些每天都要为了养活家人而挣扎的人不得不砍倒树木，种植罂粟，因为他们毕竟要为自己换回救命钱。

　　对这些人来说，转变意识根本就和他们毫不相干。这就意味着，那些已经实现意识转变的人有责任站出来，发出自己的声音，为全球的共同利益而做出表率。我希望我们能有更多的时间去实现这种意识的转变，但现实却并不乐观。留给我们的时间已经为数不多。这就是我写这本书的原因。

　　在我们一步步地走向我所设想的"新世界秩序"的路途中，我相信，某些领域确实需要建立和完善某种形式的中央政府。我认为，我们可以通过某种类型的制度来解决这些问题，因此，我们不妨对它们做简单阐述。

新的领导者来自何处

　　中央政府应代表世界上全体人民和全部生物的共同利益。

　　我们需要富有良知和公正心的领导者，他们必须把大多数人的共同利益置于少数人的特殊利益之上。这些人可以是自愿的，也可以是通过选举产生的。他们可能需要达到某些必要的资质，他们的任期可以是几个月、几年或是几十年，也可以终身制。我也想象不出完整的情况将会是怎样的，但我至少清楚一件事情：他们必须为代表全球人类而做出的决策负责，他们的奖惩将依赖于结果，而不是预期。

我相信，我们终归会看到某一个人将成为这个集体的领导者。我认为，在这个世界上，总会有一个富有人格魅力的人来领导这个世界。这个人必须甘愿挺身而出，身先士卒。这个人就在我们当中。

我刚刚说的话似乎有点让人毛骨悚然。尽管这些话会让我们想起反基督教之类的事情，但我知道，人宁愿与人交往，也不愿承担事业的责任。更有可能的是，在我们之间，需要有一个人走出来，走到大家面前说："我带头，尽管挑战巨大，但我们已经找到解决方案，我愿意带头。"

要让任何人接受这样的挑战都不是一件容易事。很多人会认为，自利和权力才是一切。但有的时候也未必如此。因为这个人的心境已经达到爱心无限的境界，就像历史中的很多贤人一样。或许我们自己也将因此而愈加善良。

大多数人还未曾达到这个意识的境界，因此，要让他们理解这样的动机并不容易。但爱将是那时唯一的原动力。我们曾看到很多受贪婪、地位和权力所驱动的领导者。我们也曾目睹这种动机带来的痛苦和破坏。

我知道，人可以因爱而走在前面，甘愿为他人谋取更大的利益。我们不仅有基督耶稣，还有佛祖。我们的身边曾经有特里萨嬷嬷，我们也有甘地。

在我的成长过程中，爱的最完美化身就是凯瑟琳·安吉。你肯定没有听说过她，但她就是我的祖母，她和我刚刚提到的很多人一样，都是人间传递爱的化身。

凯瑟琳·安吉非常善于交际和沟通，她在东海岸结识了很多达官富人，她还有着令人信服的社会地位。她完全可以利用这些资源为自己搞到一点名声，但她却没有这样做。她把这些令人羡慕的资源用来帮助别人。她积极组织慈善捐赠活动，创建大学院系，在她的朋友中有很多世界一流的名人，但她的心里装着所有人，爱赋予她巨大的力量，这种力量让她做了很多事情。所以说，我身边就有这样的证据。

爱是这个宇宙中最强大的力量。只有通过我们毕生的施爱以及我们毕生对爱的崇敬，我们才能给横亘在面前的这些问题找到答案。我们的世界以及这个世界中的一切都是奇迹。这让我们人类也成为奇迹。假如我们是奇迹，那么，我们就完全可以去制造奇迹，当然也包括把我们居住的星球变成我们心目中的天堂。我们不是要在思维中去寻找一个抽象的天堂，而是要从现在做起，在我们生活的这个地球上，去创造这个现实的天堂。只要我们以爱指导自己，我们就完全有能力去制造这样的奇迹。

拥抱网络时代 2.0

中央政府应确保在互联网等公共电子通道进行的沟通免受干预。

人们的共同愿望以及全球大融合已成为不可避免的大趋势。互联网已经让我们走上趋同的道路。我们已经在 Facebook、Twitter 以及各种各样我们可以想象的无数博客上看到这种趋势。它充分体现了这个星球上全人类的"万物归一"的过程。我坚信这种趋势的存在有其必然性，虽然我不是心理学家，但我还是对其中的部分理由略知一二。

我们之所以会这样做，是因为它的强大威力。互联网仍是一种相对自由的论坛。假如我在大街上和朋友或是居住在塞浦路斯的人聊天，此时此刻我所做的事情与政府毫无干系。它肯定与我们同作为这个地球上的人有关。相对而言，对于有着共同利益的人群来说，他们所展现出的合作性当然要多于强调国家政府的人。

我们之所以会这样做，是因为人们渴望归属感。我们之所以会这样做，是因为技术已经影响到相互隔绝的人群。我们可以花费几个小时的时间，把自己生活中隐秘的细节写在博客上，或是用电子邮件发给陌生人。我认为，这就是我们在以朋友取代面对面谈话的亲密性，我们已经丧失了这种隐秘性。现在，整个世界都可以通过计算机进入我们的家庭，我们可以和世界各地的人谈话聊天，如果我足够幸运的话，他们或许就与我们有着共同的兴趣，而且恰恰能帮助我们获得我们期待的归属感。但是，我们或许就不知道临街隔壁或是每天给我送信的邮差姓甚名谁。

我认为西方社会尤其渴望高质量的联系与沟通。人们正在多种多样的层面上认识到，不管我们有多少钱，不管我们的教育水平怎样，也不管我们的职业或是成就如何——甚至根本一无所有，我们都不快乐。我们越来越清醒地意识到，我们仿佛丢失了什么东西，我们正在为了获得生命中最有意义的东西而摸索寻觅。在这种情况下，这种最有意义的东西或许就是我们最熟悉的东西——联系与沟通。

我们认识这种追求联系的趋势的另一个途径，就是有越来越多的人群正开始关注共同利益。比如说普遍存在的老龄化问题、文化或艺术爱好，或是沟通居住在河岸同一侧等现实问题，都会带来沟通所关注的兴趣点和利益点。我认为，人们完全有足够的兴趣和动力去主动联系那些对自己有意义的社区。

而与世界各地的人群进行这种沟通和联系也越来越容易，阻碍统一性的另一个障碍也开始被打破。我在这里说的是那些让不同语言之间沟通更加方便快捷的技术。

现在，虽然我不会说汉语，但我略懂一点波兰语、韩国语和其他语言。这还要归结于我生活在纽约，在那里，我有机会结识来自各个国家的人。某一天，我可能会遇到一个东印度人、以色列人或是阿根廷人，另一天，我可能会遇到俄罗斯人、墨西哥人、德国人或是加拿大人。并不是很多人都经常有机会结识来自不同国家的人，但对我来说，这种事情却很常见，我要想方设法和他们沟通，语言往往是最大的障碍，此时，一个微笑或许可以创造很多奇迹。

这种障碍正在消失。我们已经看到，技术可以顺利实现不同语言之间的翻译和表达。这种翻译技术已经出现在我们身边。我们完全可以期待，这样的技术将越来越发达，越来越完善。

不妨设想一下，人们在任何时候、任何地点实现直接交流的情形，这是一种超越政府、政治干预和机构宣传的建立关系的方式。只有通过这种直接沟通，我们才能找到共同的立场和兴趣。

但这种统一性和信息共享也有不健全的一面。我知道有些人更喜欢的信息是现有互联网技术所无法提供的。比如，这些信息可能涉及如何制造炸弹、色情内容、旨在污蔑或伤害他人的图片和信息、对政府的批判以及领导者的个人资料等。某些文化对这类信息采取了极为严格的审查制度。

但是，大多数西方社会已经习惯于言论自由，他们反对任何形式的审查政策。他们坚持认为，尽管有着各种各样的漏洞和不良信息，但互联网依旧是我们了解外部世界和进行自我教育最有效的工具。它可以向身在肯尼亚的医生发送紧急治疗建议而挽救人的生命，也可以向正在日本奔忙的渔民提供渔业养殖方法。

音乐，让一切皆有可能

某一天，就在我看欧普拉脱口秀的节目时，发现她在探讨"快闪族"这个话题。她正在谈论的事情是几千人将在某一时刻同时跳舞或是进行同步活动。活动的时间大约是在纽约时间晚上7点，在欧洲则是中午，而在日本则是早晨9点。届时，将有9 000人在同一首舞曲的配乐下，在同一时间、按同一步伐跳同样的舞蹈。

这些人为什么要这样做呢？没有任何政治倾向的这几千人同时跳同样的舞蹈。没有人会问对方是共和党、民主党还是共产党。也不会有人问对方到底是黑人、白人、中国人、波多黎各人，或者是不是同性恋。没有人关心对方的身份，他们只想一起跳舞。这里到底在发生什么呢？

我认为，我们正在看到的是一个自发性事件。人们相互协调、保持同步是为了一个更大的目标。它就像是为筹备一场全球性表演而进行的服装彩排。这种"快闪族"现象表明沟通上的障碍已经消除。人们可以在任何时候与世界各地的人相互联系和沟通，而不需要借助于任何语言。

正是技术才让我们有能力做到这一点。这些曾把我们彼此隔离在仅属于自己的格子里的技术，现在却把我们联系到一起，让分布在世界各地的我们分享彼此的思想，以精确的时间协调我们的行动。

那么，我们怎么才能让全球拥有不同政治信仰、性取向甚至文明的 40 亿人心甘情愿改变自己的思想呢？我认为音乐就是一个力量无穷的工具。因为音乐可以超越词句和语言的障碍，音乐可以直达我们的心灵，牵动我们的躯体。音乐是一种强大的镇静剂和均衡器，对于那些饱受生活磨难的来说，音乐就是对他们心灵最大的慰藉。

告别你的"咖啡因"

我发现，另一种沟通趋势就是我们对刺激的嗜好愈来愈强烈。我们正在越来越依附于三维高清电视等高科技介质创造的现实。我们的大脑开始对大剂量的刺激着迷。这就像一个人最初需要用咖啡提神，随后升级到"红牛"饮料，然后又变本加厉地饮用三倍能源的超级饮料，最终甚至要求助于可卡因等毒品。这就像喜欢看电视的人，最初对黑白电视乐不可支，随后开始迷恋于彩色电视、多频道电视，现在又要求图像更清晰、视觉强度更大的电视。那和我们在现实生活中看到的还有什么区别吗？

我还发现一种趋势：人们开始追求无限制地放大人与技术之间的界面。我们都习惯于点一下鼠标，让计算机把我们带到向往中的神奇世界。现在，我们是在和计算机沟通，而这种沟通的自然延伸就是我们与计算机和其他技术之间越来越多的交互作用。Wii（日本任天堂公司推出的一款家用游戏主机。——译者注）就是一个追求刺激的例子。

我们并非那么聪明

在当前的进化阶段上，最重要的就是要学会真实看待自己，忠实于自己的认知，因为这个最简单的真理有时居然会让我们感到恐惧。偶尔，我会听到有人自以为是地宣称"美国是这个世界上教育水平最高的国家"。当然，这在以前或许没有错，但现在已不再正确，因此，还是让我们放弃这个神话吧。

我们国家的所有国民都误以为自己受过良好的教育，因为政府的统计数据就是这么告诉我们的。尽管这些人也有自己的思想和观点，但他们的思想和观点并不一定源于他们自己的独立思考。这些思想和观点更多的是国家电视网络、政客以及跨国公司发动的广告宣传活动灌输给他们的。

而残酷的现实则是，作为一个国家，我们嘴里高喊的是别人让我们接受的思想和观点。有人会告诉我们，应该怎样用我们在电视或是杂志上看到的环境和情景去思考，但那些光鲜靓丽的帅哥美女却让我们相形见绌。我们的宗教领袖、我们的报刊主编、甚至是我们的工友和老板都在不遗余力地告诉我们应该信仰什么。随后，我们再乐此不疲地在会议或是鸡尾酒会上宣扬这些思想和观点，我们自欺欺人地以为，既然有那么多的人接受这些思想和观点，那就说明我们的思想很重要。

的确，很多美国人都接受过教育，很多人都毕业于高等院校，但我们并不能决定自己学的课程。我们只是在被动接受听到的东西，然后再把这些东西当做真理传播出去。我们会看到，每个政府都会

176

把某种形式的宣传工具纳入到他的教育体系中，美国当然也不例外。但是在这个国家，我们却有一个优势。我们拥有为自己而想和独立思考的自由。我们可以自己去寻找这个教育体系教授范围以外的真理。我们可以质疑被媒体当做真理交给我们的数据。

但太多的人并没有选择去这样做。他们只是把别人吐出来的东西塞进自己的喉咙。于是，我们现在也就有了几亿自以为受过教育的人，宣扬着别人包装起来的、但他们却自以为无比重要的信仰。事实上，这些思想毫无意义。除了你自己的思想之外，任何人的思想都不重要，面对这些你曾笃信不疑的真理，你或许要冥思苦想几个昼夜，才真正看透，塞进脑袋里的这些东西原来只是垃圾。

拿出一点时间去思考一下吧。务必要不断反问自己：到底哪些才是正确的。当你听到自己开始重复听到或是读到的东西时，问问自己，它们是否是你真正相信的东西，抑或你只是在采纳别人的观点。

谈到我们的正规教育水平，我只能惭愧地说，作为一个社会，我们一直在残害和欺骗我们的孩子。我们任由自己的公立学校体系不断堕落腐化，以至于绝大多数孩子在毕业后成为劳动力时发现，他们几乎没有任何能帮助自己成功的技能。

我们正在让这些孩子成为注定的失败者。他们整整吃了 20 年饱含各种化学添加剂的食物和 100% 饱和脂肪的奶油快餐，穿着在第三世界国家都会被当做破布的奇装异服，在这个貌似高深的教育体系中浑浑噩噩地做了 12 年文盲，他们或许就是每天辍学的 7 000 名美国高中生的一员，在他们离开家庭之后，你还能指望他们有什么成就呢？

我们正在用对待我们环境的方式对待着我们的孩子。我们正在无所顾忌、千方百计地挥霍他们的未来。

而这些孩子长大后依旧要去选举他们的领导者，他们要经营美国的企业（但也未必），要用自己微薄的工资去纳税，还要承担起照顾我们老人的职责。这着实让我感到心有余悸。我可不想在自己年

177

老时，让这些只字不识、不懂加减法、每天为了还能走直道而不得不嗑药的人照顾自己。

我们一直在自欺欺人地把自己称为世界上受教育程度最高的国家，今天，我们必须把这样的称号当成空话、废话。但更重要的是，我们一直在用实际行动，让我们的孩子将无力夺回我们曾经的地位。

仁善信仰改变世界

中央政府应对宗教组织和宗教信仰采取包容态度，只要它们不涉及暴力、抵制或干预其他生命，就不应该去干预这种精神活动。

我认为，宗教组织和精神组织将在未来的全球变迁过程以及监管过程中扮演一定的角色。因为对一定层次的精神信仰和意识追求给予认可，将更有利于提高全球整体的可信度，而不减少个人利益的膨胀。它会加快个人的意识转化，更深刻地体会爱的普遍性及其威力的无限性。

在这个转化过程中，我坚信，真善美将无比重要。其中，仁慈和善良是抚平痛苦和磨难最强大的工具。这种仁善或许就是耶稣或佛祖展现的仁慈和激情，也可能是人世间最简单的"黄金定律"：像对待自己那样去对待别人。这当然也包括其他物种。

我之所以把这种仁善作为一切宗教形式的核心价值，是因为它易行善，易奖惩，易人人受益。不一定只有到教堂、犹太教会堂或是清真寺才能行善。它也不需要任何有形的教科书或是传统仪式。它只需要一个微笑，只需要你随时伸出援助的手。

有一颗敞开的心理，天堂里的一切都将现身尘世……

合众为一，重寻美国梦

我相信，全世界的人都已经厌倦了被欺骗、被摆布、被那些对自己冷若冰霜的机构所操纵的生活。但与此同时，人们也担心即将到来的变革，害怕正在向我们走来的"新世界秩序"。

对未知世界的畏惧是人类的自然特性，但它也是人类最可悲的敌人。正因为这样，我们才要创建社区和支持体系，这样，我们可以并肩协作，共寻出路，在艰难面前相互帮助。

我坚信，我们的终极目标就是学会合众为一，让我们每个人都成为这个统一体中的一员，敞开胸怀拥抱这个世界上的每一个人，而不是让我们之间的隔阂永久化。我们需要彼此联系，彼此沟通，积极担当所在社区中的领导者和参与者。这个社区就像一个小规模政府，所有成员为了一个共同的目标而制定政策，相互合作，这个社区的规模或许不大，但它必须保证每个人都能融入这个共同的政策。它可以是邻里街区、城镇、城市甚至是州范围的有形社区，也可以是社交网络之类的虚拟社区。

通过相互合作，我们可以驱散滞留在我们生活方式中的种种幻想。我们可以赶走谎言和领导者的操纵。我们可以调整自己的生活方式，以适应新的规范，而不再依赖他人给我们提供价值观。我们用未来 7～10 年的时间去创造新的社区，去建设我们自己希望居住的、希望留给我们子孙的新世界。

回顾美国的创建历史以及我们曾经为之而奋斗的理性，我们会看到，我们一直在以宽阔的胸怀容纳不同的宗教、不同的政治和不同的意见。正是通过包容这些差异，我们才创造了一个海纳百川的社会，才把美国创造成一个培育创造力的乐土。

几乎是从这个国家诞生之日起，我们就开始迸发出无穷的能量和创造力。我们领导着这个世界的科学、文艺和技术。我们成为全世界羡慕的对象，我们把自己的激情和勇气带给全世界。但这一切都始于包容，始于对生命的热爱，始于早期先民探索世界以及追求价值的执著，始于创世者赐予我们的无上真理——所有人生来即是平等的，每个人都有着不可侵犯的权利去追求生命、自由和幸福。

这就是造就我们这个国家的基本信条，这就是铭刻在我们骨子里的意识形态。

在此时此刻，在时代的这个阶段，我想把这些权利延伸到全部生命，延伸到海豚和海龟，延伸到鲸鱼和雄鹰。这是我们为追求整个地球和谐共生而必须迈出的一大步。我们需要牢记的是，我们生活在一个共生的系统中，一切事物都在用其整个生命周期发挥着特定的作用，成为这个体系中不可缺少的一部分，没有任何一种生物是不重要的。

我们的生态系统完全是相互依赖的。如果人类要想发展进化，我们就必须心甘情愿地接受这样一个事实：我们没有权利去破坏这个体系的其他部分。如果我们的激情还不足以说服去和谐生活，那么，我们就应该记住，我们是在用自己的无知和冷漠伤害自己和我们的孩子。

对美国来说，最值得自豪的一点是，作为美国公民，我们不像在其他国家一样，我们可以自由创造我们的未来。我们可以从过去几十年的错误中汲取教训，从中创造一个勇敢的新世界。我们可以不再固执地总是在想"对我有什么好处"，而是去想"对我们有什么好处"。

就在本书即将成型时，美国正在举办 7 月 4 日的独立纪念日庆祝活动。我看到华盛顿夜空中绚烂的焰火，倾听人们同唱美国国歌。我注意到，就在歌声响起的时候，很多军人都在敬礼。这让我不禁想到，除了这些勇敢的军人之外，我们中的大多数人并没有为争取这份自由出过多少力。这还让我想到，我们只是在理所当然地享受这份自由，就像我们可以理所当然地呼吸空气、喝水和吃饭一样。

尽管很多人曾英勇作战，但更多的人却没有这样的经历。摆在我们面前的现实是：我们正在为挽救生命而战，我们必须勇敢迎战。

第9章
未来决定于消费者

消费者的力量显然不止于只影响到哪些企业将成为未来几十年的宠儿，它还将影响到我们的生活方式，它所影响的社会行为变化将涉及我们生活的方方面面。也就是说，消费者决定了我们的未来。

我们已经很难再看到很多的无线电天线，也看不到很多的电报机。至于痰盂，我们不免会想到，唯一能看到它的地方可恐怕就是博物馆了。这些产品都有一个共同之处。它们曾经都是日常用品，但随着人们改变了原有的生活方式之后，它们就变成了过时的东西。

在人们改变自己的出行方式、通讯方式和消费习惯时，这些物品就丧失了需求，于是，它们就会与相关行业一同被公众所推崇的新事物所取代。但是，这些物品并不会在一夜之间便消失殆尽。对于某些产品，这个过程可能会持续几年，还有一些产品的消失可能会延续几十年。但归根到底，目前的一代人肯定没有看到过这些东西，这就是社会变革。

在我的投资生涯中，通过观察社会行为的变化，我学会了识别市场趋势。我们正处在一个波澜不惊的时代，人们正在承受着改造行为方式的巨大压力，我敢保证，我们将会看到，某些最常见的日用品将成为过时之物，就像前面提到的无线电天线、电报机和痰盂。

消费行为将影响到新行业的发展和固有行业的消亡。正是出于这个原因，我将利用本书最后部分列举一些因过气而需要接受修复或调整的行业及企业。

但消费者的力量显然不止于只影响到哪些企业将成为未来几十年的宠儿，它还将影响到我们的生活方式，它所影响的社会行为变化也不仅仅局限于我们的买卖行为。消费者的力量可以决定我们生产食品的方式，也可以决定我们的健康医疗如何提高医疗服务，还可以决定我们如何关爱自己的环境以及我们如何与所有生物共享同一个星球。

本章将着重探讨消费者行为及社会行为的变化将对我们的健康以及地球的健康带来何种影响。希望我们能接受这些思想，也让我们身边的人接受这些思想。这些思想为新兴企业满足未来市场的新需求种下了希望的种子。尽管我在前文中已经提到，但我还想再重申一遍：社会行为的变化将创造新的社会趋势，而社会趋势则要推动企业去满足这种新趋势带来的新要求。

消费者引爆点

消费者拥有巨大无比的力量。我在这里想说的就是供求规律。今天，很多公司不辞劳苦地用这个星球的有限资源来满足我们的消费嗜好。只要我们还在购买他们的产品，这些行业就依旧会不断壮大，但假如我们选择一种不同的产品或是彻底放弃这样的需求，那么，这些企业就会陷入痛苦。当这种痛苦到达一定程度时，他们就不得不在如下的对策中做出选择。

> 终止生产这种产品。
> 生产不同版本的同类产品。
> 彻底放弃这种产品，转而生产不同产品。
> 坐吃山空，然后停业或是破产。

在当前的经济形势下，有些公司将审时度势，及时调整，采取可持续发展策略。但还有一些企业则会固执己见，走向消亡。但是在他们拒绝变革的过程中，他们往往会玩弄把戏，恶意欺诈，为了赚取近在眼前的蝇头小利而不择手段。

我们必须以最大的努力去防止这种垂死挣扎的最后一搏，因为这种行为只会进一步恶化业已濒危的生态系统。我们必须严密监督这些企业，随时关注他们的业务披露情况和经营活动。我们必须让他们意识到，他们的一言一行都在消费者的严密监视之中。我们还要及时向公众披露他们不负责任的活动，并鼓励其他企业作出有利于长远利益的选择。

当然，我也知道，关闭企业会影响就业。但这显然不是理由，因为我们还有更伟大的事业，这就是我们正在为之奋斗的世界生态环境的未来，这就是我们的子孙后代赖以生存的世界，我们还需要它去养育我们的下一代。我们正在坐享以往几十年过度开发带来的美味，但是现在，我们已经不能再抱怨什么了，我们必须要为他人和我们脚下这个星球的幸福去作一点牺牲。尽管牺牲会给你带来暂时的痛苦，但它的确是远比你我都重要得多的事业。

留给我们去调整自己的时间已经没有多少了。无线电天线的退休用了几十年的时间，但我们可没有几十年的时间可以浪费了。我们的宽限期已经结束。

我们不妨简单地回顾一下历史。我们都知道 1929 年的"大萧条"，但没有很多人知道这场危机的根源。就在危机开始之前，整个美国还沉浸在信用创造的狂喜之中。你可以用分期付款购买任何东西。每个人都能享受这样的信用，人们甚至可以按 10% 的首付款购买商品。那显然是一个非常奇妙的事情，它开始让人们沉醉于其中难以自拔。

这种消费导向型市场成为企业收益和推动经济的强心剂。但这只是空洞无物的财富。因为它的根基是信用和负债，它植根于我们预支未来的寅吃卯粮式行为。这是一个巨大的"庞氏骗局"，最终以市场崩溃为代价。它带来的后果就是：不动产和股票价格长期低迷。以致用了很长时间才走出低谷。

这样的事情听起来是不是很熟悉？应该不陌生。今天，我们正在困囿于相同的境地。我们的负债已经远远超过我们的偿还能力，唾手可得的信用让我们的商品价格无限膨胀，我们已经陷入市场震荡，而且它注定会掀起更加凶猛的波澜。

我们已经没有多少机会停下脚步喘口气，认清周围的现实，想想如何纠正让我们陷入当下困境的形势。

我们要么作出艰难而理性的抉择，清理我们留下的残局，继续前进，要么继续印刷更多的钞票，进一步侵蚀我们的购买力。在过去的 30 年时间里，美元已经贬值 97%，我们不想沿着这条走向死亡的道路继续走下去。这就是我们必须立刻止步的原因，它将决定我们将生活于何种未来以及我们将给子孙后代留下何种未来。

如果你正在阅读本书的话，你就已经比很多人有了更清晰的思路。因为你已经走上转变之路，致力于把我们的世界转变为更具持续性的"新世界秩序"。你或许手里攥着黄金或农田，你或许有自己的鸡舍和温室，你或许还有一两支枪或是你现在已经开始刻意削减负债，控制自己的石油和商品消费欲望。

但这还远远不够。你、我、还有我们的亲戚朋友，每个人需要更积极、更主动。我们需要另一场复兴，重新焕发我们的企业家精神和激情。我们需要每个人都行动起来，通过每天作出的每一个决定，带领我们靠近我们希望这个世界即将发生的变化。

重归健康正道

我们必须让自己的社会行为关注于健康生活，而不是关注于我们可能沾染的各种疾病。我们必须建立一种强调个人身心健康的趋势，减少对某些貌似能改善我们健康的药物和治疗手段的滥用。事实上，它们根本就不会让我们更健康，而只能让我们更依赖于药物，并让这种依赖性永久化。

今天，技术和药剂已经成为我们整个医疗行业的推进器。但就在不久之前，医生还在使用很多民间办法给患者治病。因此，医药

185

是可以变化的，而且也正在变化。

我们需要改变自己的社会行为，只有这样，才能纠正当前的形势。我们必须保护和维持我们的身心健康，而不是到了患病时再去医治它。我们对疾病关注得越多，我们就会病得越多越严重。这是自然法则，虽然你不可能在任何法典上找到这个法则，但它确确实实地主宰着我们的生命。

我们必须改善和扩大替代性治疗手段和民间疗法的使用。我知道很多聪明人都在采用替代性治疗手段，他们的实践已经让我认识到，这种方法往往比经过美国食品医药管理局批准并摆在货架上销售的药品更有效。但是要得到这些替代性疗法却不容易。

目前，由于美国食品医药管理局对何为"自然"的定义采取了极为严格的限制，因此，医生还很难在临床中使用这些替代性疗法。为此，他们设置了极为苛刻的定义，阻止已经实践证实的顺势疗法得到进一步的普及和广泛利用，与此同时，医药企业为进行商业渗透而提供的医药回扣则是让他们中饱私囊。

尽管如此，我们还是看到越来越多的人正在探索非传统医疗方式，其中就包括顺势疗法及其他替代性疗法。此外，人们还创办了一批专门教授这种替代性治疗方法的院校。譬如初创于西北地区的巴斯帝尔大学（Bastyr University）。该校在提供替代性治疗技术和自然疗法方面做出了非常突出的贡献。越来越多的传统医疗人士正在了解和接受这些非传统疗法的价值。

减少对药物的依赖

大型医药公司希望我们依赖药物，把他们的药物当成救命稻草。他们不希望我们健康，他们从事的是医药生意，而不是健康医疗生意。随便翻开一本杂志或是打开电视，你就会看到十几种新药广告，样子光彩照人，名字稀奇古怪，有的甚至根本就不是现实中的单词。

原因何在呢？因为这些产品源自他们所谓的解决方案，这些答案所解决的问题却是我们根本就没有的问题。

根据统计数字显示，目前在校学生中的 40% 均服用某种类型的药物。这个结果应该会让你感到惊讶，我觉得它至少让我感到不可思议。比如，根据专门提供医疗健康事务相关信息的网站 MedicineNet.com 可知，3%～5% 的学龄儿童都曾因"注意力缺陷多动障碍"而接受过治疗，以便于让他们"在教室中易于管理"，但是在这些孩子中，60% 在进入成年后存在不同程度的精神紊乱现象，这就等于说，在全部美国人口中，4% 的人患有精神病，或者说，800 万美国人精神不正常。

现在，尽管我对这些问题的加剧有一些看法，但我还是准备随后再去讨论这些问题。

药品的滥用正在帮助我们摧毁自己身体的防御线。无论是抵御耐甲氧西林金黄色葡萄球菌之类的危险感染，还是膝盖擦破皮这样的轻伤，我们都要用抗生素来治疗，现在，我们的身体已经无力抵御超级病毒了。另一方面，我们的身体对人类发现的各种抗生素却表现出越来越强的抗药性，这就让我们在新出现的疾病面前显得束手无策。就在今天，我还在报纸上看到一篇文章，称印度出现了一种超级病毒，在美国的医院中已经发现了感染这种病毒的患者。

潘多拉基因魔盒

就在几年之前，还只有富人或是垂危患者才舍得花上 1 万美元去采集基因组图谱，以研究体内是否存在可导致某种特殊疾病的线索。今天，我们绘制基因组图谱的成本只需要原来的 1/10，这已经催生出一个新的行业。目前，世界上只有极少数公司开展商业性基因组图谱绘制业务，就在我创作本书的时候，他们还在与出资研究的机构就哪一方有权出售研究结果的事宜争执不下。所以说，已经有人在染指这块肥的流油的蛋糕了。

我不知道这会给社会、健康医疗行业以及保险行业带来什么影响，但我相信，它肯定会带来我们意想不到的结果。我不知道这到底是好事还是坏事。对我个人而言，我也不知道自己是不是喜欢让别人窥探我的 DNA，因为这似乎已经侵犯了人的最根本隐私。

只要有需求，就会有供给，因此，这或许会引申出一个值得关注的行业。但是，这其中也存在某些需要加以解决的严重道德问题：

> 保险公司是否会拒绝为具有某种 DNA 特征的人群投保？
>
> 按照我们最新建立的国家医疗保险制度，某种疾病的易患病体征到底会成为接受政府特殊治疗的优先条件，还是会因此而被排除在治疗范围之外？
>
> 是否会禁止基因突变行为？
>
> 是否会对基因突变或基因变异实施跟踪？
>
> 如何处理患有"唐氏综合症"的儿童？易生育此类疾病患儿的父母是否会被排斥在生育治疗或其他治疗范围之外？
>
> 对易患有某种治疗成本极其高昂的疾病的人，是否应对他们收取更多的医疗费？
>
> 对智商极高且无任何慢性疾病易患病体质的人，是否可以少缴纳医疗保险费？
>
> 如果以某种方式普遍采用基因组图谱甄别特定人群的话，这是否会成为引发群体性屠杀的诱因？
>
> 最重要的是，如果这些信息均需投入应用的话，最终应该由谁来决定这些信息的获取和应用？

这就需要用我们的技术来揭开这个潘多拉盒子：我们如何解决这些道德问题将彻底改变人类物种的发展路径。

还海洋生物一个健康天地

被倾倒入空气并且在随后被海水吸收的无数吨二氧化碳，正在让我们的海洋持续酸化。空气中大量的二氧化碳正在改变着海洋的PH 值和化学构成。这意味着甲壳类动物将不能再产出贝壳，食物链底层的微生物将不再生长，珊瑚和依赖珊瑚而生的鱼类将彻底灭亡，而数千种生物将就此绝种。它还意味着，海洋的正常化学循环已经被彻底改变，我们至少还要等上几百甚至几千年才能让大海恢复到50 年前的情况。

与此同时，我们的公司还在捕尽海洋里的每一条鱼，无限榨取利润的刺激让他们在海洋里肆无忌惮地过度捕捞。海洋为人类提供了 30%～40% 的食物。但海洋科学家预测，海水酸化和捕鱼业过度捕捞将造成大量鱼类灭绝，因此，40 年后这些食物资源将就此消失。在西北部，我们已经看到这样的情形，因海水环境变化导致未成熟牡蛎大量死亡，使得当地的牡蛎养殖场大量减产，不久之后，我们就有可能买不到真正海产的大马哈鱼或是其他野生鱼类。

因此，我们必须对捕鱼业采取严格的控制措施。我们必须调整现有的配额政策，改变捕捞方法，从而避免深海鲈鱼等濒危物种因过度捕捞而灭绝。我们必须保护这些食物资源能在酸性海水中继续生存，而不是将它们一网打尽。

实际上，海水酸化的主要根源可以追溯到汽车及工厂二氧化碳排放量的增加。目前的很大一部分排放量来自中国，就在今年夏季，中国的能源消耗量首次超过美国，这意味着，中国烧掉的石油、天然气和煤炭已经超过了美国。尽管这很难做到，但中国还是做到了，他们不仅赶上美国，而且正在把美国拉得越来越远。

但我们至少还能对自己的国家做点什么。我们可以减少化石类燃料的消费量；我们可以把落叶收集起来，而不是用吹风机把它们吹到角落里；我们可以收起喷水泵，把用处不大的雪山汽车放进车库；我们还可以减少不可恢复能源的消耗量，更仔细地对待我们不得不用的东西。

不健康的"健康医疗"

健康医疗是一个非常有趣的行业。我觉得把它称作"不健康"医疗行业似乎更贴切。这个行业有数百万的工作者，并且是一个高盈利行业，因为有大量的回头病人，这些病人依赖于生命辅助设备、处方药等，直至他们生命的终结。

只要认真想想，你就会发现，让人们久病不愈似乎就是整个医疗健康行业的主要目标，因为人们病得越严重，他们需要的医疗服务就越多，他们为此花费的钱也就越多。我们会发现，正是出于这个原因，政府才希望借助这样一个庞大的重复消费群体，建立一个造钱机器般的医疗服务行业。

那么，支撑这个利润丰厚的行业的资金从何而来呢？当然，一部分来自消费者，他们花钱买回给自己带来癌症的毒水和让他们过度肥胖的垃圾食物，把生活 80% 的时间交给繁重枯燥并让他们的心脏承受重压的工作，而一旦丢掉这份工作又会让他们心脏病突发。

还有一部分资金来自纳税人通过政府管理的"医保"福利缴纳而来，最后一部分资金来自纳税人通过政府管理的"奥巴马医疗计划"，用来补贴那些无力购买医疗保险的人。

不管你怎么看待这个行业，你都会意识到，让人们疾病缠身符合政府和健康医疗行业的既定利益。如果政府想让我们更健康，那么它就应该控制我们所消费食品的质量，切实保护我们的水源。

过度的恶果

很多年以来，我就曾听说过，医生开出的检验单通常要远远多于可认定为医疗事故的数量，而且完全已经达到应受到指责的地步。我还听说，医生执行的手术数量也远远超过正常治疗所需要的数量，所以说，我们为了自己久病不愈而接受的治疗远超过为维护健康而应得到的护理。但我们还是无法摆脱对医疗的依赖性，不管这种医疗已经变得多么的低效与繁琐。因此，假如整个行业希望能像对待消费者那么对待我们的话，那么，我们就应该像消费者那样去实施消费，要求不同于现实的服务。我们可以要求更具预防性的医护服务和减少干扰性的治疗。

以下是我们当前可以积极采取对策的几个领域：

如果我们积极探索，而不是再盲目信从医生说的所有话，我们就可以让自己和亲人免受医疗行业的摆布。任何治疗手段都应多方寻求意见，以提高患者的生活质量。

为门诊检查提前做准备。要有自己的问题，独立研究一下自己的情况。

对医生的处方提出问题，询问针对你的症状是否存在不需用药的治疗方案，与替代性治疗方法的专业人士探讨使用替代治疗方案的可能性。你会发现，尽管某些医生并不反对替代性治疗方案，但他们并不会以处方形式正式使用或推荐替代性治疗方案。

尽管这些常识性建议适应于所有人，但尤其适应于我们这些需要更多医疗服务的老年人。

久病不愈的不归路

尽管我总体上觉得自己的身体还算很健康，但就在3个月之前，我确实感到极为不适。我把这件事告诉了妈妈，她说我肯定是得了莱姆病或是猪流感。于是，我来到医院。他们不知道我到底出了什么问题，但医生还是给我做了一些检查，核查包括两项内容，尽管结果一无所获，但医院依旧开出了一份高达1 200美元的收费单。我在医院里待了半个小时，甚至没有看到一位真正的医生。我付清账单，他们却没有看出我到底有什么毛病。

现在，我觉得"这里"肯定存在问题。假如我自己想开办一家真正为患者排忧解难的医院，那么，我至少需要采取一系列检验排除患者的哪些方面没有问题。但如果我只想做生意的话，那么，我就会尽可能地让更多患者使用通用性医疗方案，而对患者个人情况给予最低程度的关注，然后向他们收取费用，让他们继续病下去。这样，他们就还得回到医院继续接受检查，我就可以继续向他们收费，然后还是让他们继续病下去。

我一定要告诉你，我去的医院非常漂亮与先进，几百万的医疗设备随处可见。在西雅图地区，有十几家这种投资巨大、收费高昂的医院。我不知道他们是否会让患者更健康，但至少认为他们的医疗设施令人羡慕。

老吾老以及人之老

显然，我们必须应对自己的老龄化人口，因此，老年人的医疗也应成为诸多亟须改善的服务项目之一。实现这个目标的手段之一，就是一定要了解你自己和你的父母正在接受什么样的治疗。可以和医生约一个时间，向他们提出你不清楚的问题。

请记住，我们的老年人生长于把医生称为"上帝"的时代。这让老年人不情愿质疑医生的权威，但你却可以。要敢于挑战，要让医生充分关注你的个人情况。这可能会决定你的治疗方案到底是手术还是服药，甚至决定着你的生与死。

此外，我们还要鼓励年轻患者锻炼身体，积极进行脑力活动。可以经常打牌或是下象棋。让他们的肌肉能得到足够的蛋白质，大脑永远不缺乏氨基酸。给他们买一些用积雪草和银杏制作的非处方药，提高他们的记忆力。改善他们的饮食，确保他们摄入更多易于制作、味道甜美的碳水化合物，让他们多吃一点人造能量补充剂，让他们不要在吃过午餐之后就赖在沙发上，养成白天不活动、晚上不睡觉的恶习。这就是我们今天应该做的事情。

假如你认识邻居老人的话，每周可以拿出一个小时的时间给他们检查一下身体，陪他们喝一杯果汁。询问一下他们最近的身体状况如何，看看你能为他们做点什么。70~80 岁的老年人大多成长于较为轻松的环境，因此，他们喜欢抽出时间看望一下街坊邻居。在我们今天的世界里，每个人都行色匆匆，于是，我们也就把老年人遗落在自己的匆忙之中。你的关心比任何药片都更有助于他们的幸福。我们都是一家人，你的邻居就是你的父母、你的孩子和你自己。务必要尊敬他们。

这些建议无不有助于改善老年人的幸福，让他们远离药片和医护室，让他们体会健康的尊严。

积极参与法定医疗计划

这是一个我们都需要有自己的观点并敢于发表自己观点的时代。我们必须积极参与构筑我们的健康医疗体系，从而更有利于推进健康而不是刺激治疗。如果你认为自己的观点在财务上具有可行性，你就可以建立一个民间组织推行这个观点，到市政厅的会议上发表自己的观点，通过媒体宣传你的方案。

我认为，这样的健康医疗改革已经让美国公民彻底放弃了把握和影响政治取向的努力。事实上，整个专业医疗界都应积极参与这个体系的创建，而不是把这项任务留给政府，因为事实已经证明，政府根本就不了解与资金、战争、食物、环境或是健康等有关的任何事情。因此，千万不要让他们来决定与我们身体有关的任何事情。

这个刚刚由国会通过的医疗健康改革方案源自数百名说客的努力，他们拿着大医药公司、保险公司和医疗服务行业的钱，当然就要为他们办事，而这些公司对于如何切分和食用这块味美丰厚的大蛋糕都有其既得利益。就在国会通过该项立法的第二天，全部医药股和医院股一举冲天。这显然是政治说客们最期待的事情。

而对于我们这些最终将不得不接受这个体系的民众来说，我们需要有人维护我们的利益。而所有这些立法无不伴随着政府税收权限的扩大，这让他们可以让当前的体系永久化，并以此向患者继续提供所谓的医疗服务。

这个体系目前的运行方式就像是一个每天吸六包烟的吸烟者，严重的肺气肿最终会让他病得无法继续工作，这样，他就可以借助于自己的工作享受医疗补贴，于是，他也就把自己的命运彻底交给这个新的健康医疗体系。同样的道理也适用于依赖美味和啤酒、喜欢一边吃饭一边看电视的450磅的大胃王。当病入膏肓而无法工作时，只要购买了私人保险，他就可以把硕大无比、疾病缠身的身躯交给这个医疗体系，而为他埋单的却是纳税人。

但健康医疗体系到底能为这些家伙做点什么呢？真能给那些不能呼吸的家伙带来新的肺吗？不会，它们只能让他们着迷于呼吸机的帮助而无法自拔，让他们苟且活在这个世界上。它们真能抽出这个嗜酒如命的大胖子身体里的脂肪吗？也不会，它们只会给他开出一大堆降压药，给他们一份根本就不会遵照的饮食方案，破坏他们正常的机体循环。

这些人已经无可救药。但纳税人最终还要为他们的恶习埋单。我当然不想政府提高我的纳税，把自己的钱交给保险公司，去供养那些毫无改善身体动力的人。

发出我们的声音

最关键的是，你我这些普通公民都应该投身于即将开始的医疗改革，密切关注美国医保的覆盖范围，关注谁将接受治疗，提供或是取消治疗的决定将如何做出，以及谁将成为决策的制定者。假如你曾有过某种医疗背景的话，那么，不妨释放你的激情，积极表明自己的立场，积极投身于其中吧。

任何人都可以到市政厅的会议上去表明自己的观点。通过媒体大声呼吁自己的立场。只要表明你的立场，挥舞起你的旗帜，让人们看到你的存在，你就会发现自己根本就不缺少支持者。

在这个过程中，我们的第一个障碍就是要召开这样的市政会议，并以适当方式提前通知公众。最有可能的情况是，市政大员们会关起大门，独自去制定这些决策，他们就是用这样的方式通过危机救助法案和健康医疗法案，是在周末的休假期间去安排这样的会议。

我们必须保证这个新的健康医疗体系及时公开。我们必须让我们的政治领导者为这样的残局承担责任，通过媒体制约他们的言行。

该发动食品安全革命了

从生产食品的最初阶段开始，我们的农业就在向土壤里喷洒有毒的化肥和杀虫剂。这些有毒物质沉积到我们的食品与饮用水中，最终沉积在我们的身体中。目前，已经有 65 种化学成分被美国环保署、世界野生动物协会或疾病控制中心列为危险物质，而其中的绝大多数均存在于我们所使用的杀虫剂中。

很多化学成分已经影响到我们的内分泌和大脑正常功能。而它们沉积在人体内的最终后果就是诱发癌症、多发性硬化症、帕金森氏综合症、老年痴呆症和生育缺陷。它们对人体基本基因组的损害则会让我们把自己的疾病遗传给自己的子孙后代。这样的情况听起来还能长久下去吗？

对此，消费者能发挥其影响作用的方式就是只购买天然食品。我们可以通过博客公开那些经常采用这些有毒物质的大公司名称，提倡民间健康意识，从而影响其他消费者的购买决策。我们也可以直接致信这些公司，对他们使用有毒化学物质提出抗议，让他们知道你已经在抵制他们的产品。

我们可以接触生产这些杀虫剂和化肥的公司，并以其人之道还治其人之身，抵制他们的产品，让他们知道这背后的原因。如果有足够的消费者创造足够多这样的反应，那么，这些企业就必然会以某种方式作出回应。

最近发表在《西雅图时报》上一篇关于青春期少女长期跟踪研究的报道让我感到震惊。报道援引《儿科学》杂志的一项研究报告指出，在美国，25%的非洲裔少女、15%的拉丁裔少女以及超过10%的白人女孩，居然在7岁时就已经进入青春期。该杂志指出，这项报告早在1997年即已完成，因此，目前的情况只会比这更严重。

该杂志提及的报告还进一步把造成这种情况的原因归结为体重的增加、体育锻炼的减少以及干扰素的大量食用，这种化学物质将明显影响到人体内的荷尔蒙分泌。该报告提到的一种干扰素就是双酚A（Bisphenol A，缩写为BPA。——译者注），它是很多罐装包装塑料中最常见的添加剂。我们不妨看看这种物质到底为何物吧。

BPA用于制造聚碳酸酯塑料和环氧树脂。聚碳酸酯用于制造食品和饮料的塑料外包装，而环氧树脂则用于生产食品及饮料的罐头内涂料。由此可见，这些物质已经深入我们的罐头、婴儿食品、烘烤蚕豆和啤酒之中。几乎所有罐装食品都富含这种有害物质。但这还不是最糟糕的，这种物质还用于包括水瓶、婴儿奶瓶和儿童玩具等各种各样的塑料。

人体可以产生 100 多种不同的荷尔蒙激素，其中最重要的两类激素为雌性激素和雄性激素（睾丸激素）。很多人造化学物质在分子结构上与这些天然激素相类似，因此，它们可以模仿天然激素的作用，从而干扰了荷尔蒙的正常功能。

但这种人造荷尔蒙存在于痤疮脂和安眠药等数百种产品。人们通常会使用这些产品促进牲畜生长。荷尔蒙激素的使用已成为司空见惯的措施，它最终将严重改变生物的生育能力。通过科研人员对包括水獭在内的多种野生鸟类、两栖动物和动物进行的研究发现，很多动物已彻底丧失生育能力，或是出现变性及性发育完全停止等现象。越来越多的证据显示，作为一个物种，人类也将受到同样的影响。这绝对是不理智的行为！我们必须马上终止这样的做法！

如果看看所有加工食品的成分配方，你就会发现，玉米糖浆和蔗糖的含量大多非常高。因此，肥胖已成为我们这个国家基本健康问题也就不足为奇了。我们还会发现，所有食品的成分表中都会赫然列示着味精，这是很多人已经放弃的食品添加剂。

同样，消费者已经觉醒。当足够的消费者开始抵制高糖食品，把它们扔在货架上，而支持不含糖类添加剂的食品时，我们就会在食杂店的货架上看到变化。消费者有能力加快此过程，他们可以上书生产这些加工食品的公司，鼓励他们生产不含糖类和添加剂的食品。

枪毙工厂化养殖

工厂化养殖本身就是一场噩梦。它不仅在剥削个人，更是各种行业中工伤事故率最高的行业。除此之外，很多养殖场还把家畜的粪便直接排入附近的河流。

某些食品加工厂采用类固醇、荷尔蒙、抗生素及其他化学物质来生产所谓"更优质"的肉类产品。所有这些物质最终都将进入我们的体内，有些物质还将永久性地沉积在我们体内，某些则会给我们的身体带来永久性变化。

存在于工厂化养殖的某些做法已造成疯牛病和大肠埃希氏杆菌的大量传播。在《快餐帝国》(Fast Food Nation) 一书以及同名影片中，从事社会研究的新闻记者作者埃里克·施洛瑟 (Eric Schlosser) 分析了这个行业。他对快餐业提出了批评，并记述了麦当劳如何成功运用沃尔特·迪斯尼的策略对青少年展开市场营销活动。他还指出，我们的学校教育体系已如何被快餐企业所渗透。随着学校教育经费的减少，快餐和软饮料企业以赞助资金的方式涉足这一领域，把可乐饮料机安装在很多学校的教学大楼里，把快餐放进学生的菜单里。

从健康角度出发，美国人显然消费了过多的动物蛋白质和脂肪。从经济角度看，生产肉类的成本显然高于种植稻谷。从道义角度出发，我们需要尊重这个星球上的所有人。我们到超级市场购买各种包装肉产品，购买贴有标明重量并被切成可直接食用的禽肉。这些包装让我们远离饲养这些牲畜的艰难以及为消费而实施屠宰的残忍。

拒绝转基因

除了要谴责工厂化养殖之外，我们也不能忘记像孟山都这样依靠剥削世界各地的农民并正在改变我们食物的跨国公司。各位都知道，我们一直在用手里的资金来表明我们对这些食品公司的观点。就在创作本书的时候，我所在的公司已经看空孟山都和英国石油。

借助于对其申请的出售种子专利权，孟山都正在奴役着很多国家、农村和农民。这家公司让这些以农业为基础的地区陷入毫无胜算的境地，它让他们不仅要为购买这些种子而不得不支付高昂费用，还要保证未来必须实现利润，因为只有这样，他们才能偿还购买这些种子而欠下的负债。

与此同时，很多家庭的生活已经明显低于贫困线，他们正在陷入无助的境地，在绝望的循环中越陷越深——他们的负债越来越多，直至丧失自己的农田。我最近看过一篇报道，文中提到印度某些地区的农民自杀率已呈现爆炸式增长。这些地区恰恰都属于大型种子公司涉足颇深并已掌握地区经济命脉的地区，这或许不是巧合。

这样的恶性循环完全是不可支撑的，更是不可持续的。这些农民养活着很多人，但他们却被赶出自己的田地，他们的庄稼陷入危险，他们的未来已被盗走，他们根本就没有希望逃脱这个陷阱。我个人认为，如果企业用这样的方式做生意，无异于是在杀人。

改造快餐业

快餐业已独成体系。这是一个规模巨大的行业，它们以牺牲整个国家健康为代价而给自己换来数以百万计的利润。某些连锁企业生产着还算健康的食品，但更多的企业不过是在用脂肪、盐以及令人质疑的碳水化合物和肉类喂饱消费者的肚子。

各位，我根本就没有必要告诉你们，这些垃圾有什么坏处。因为我们都知道。现在，我们必须对这些快餐有所动作，而真正的力量只能来自消费者。我们必须抵制那些影响我们健康的食品。提醒这种不健康产品的厂商和使用者，让他们知道，如果不改变现状，他们就会失去自己的消费者。

我希望看到的趋势，是更多快餐连锁店开始出售更健康的食品和果汁，而不是脂肪、盐、碳水化合物、化学物质和刺激剂。我已经注意到，麦当劳已开始采取更健康更有责任感的做法，因此，我们或许会看到越来越多的连锁企业将随之而动。

这也是社交网络可以发挥作用的领域，他们既可以通过自己的大声疾呼让社会对这些领域给予关注，也可以发起全国性的抵制消费日甚至抵制消费周。不知道一整天甚至是一周没有销售额的情景会给一家公司带来什么样的震撼。作为消费者，我们必须展现我们的能量，证明我们的影响力。

第 **10** 章
迎接"下一个大事件"

我们正在目睹一场全球变革的开始，这场变革在此前几千年甚至更长时间内都是绝无仅有的。我不得不认为，我们正处在一场巨变的边缘，这场变革将彻底改变整个人类和地球的未来。

每当听到有人根据社会趋势挑选思科、星巴克或是亚马逊等高成长公司的股票并赢取巨额利润的时候，人们就会经常问我如何看待投资领域的下一个重大趋势。星巴克就是"下一个大事件"，思科计算机技术公司是"下一个大事件"，亚马逊在线零售店也是"下一个大事件"。

我理解他们的期望是什么，但现在要指明我们的市场将出现何种类型的长期变化显然还为时过早。发生在我们眼前的变化太多，呈现在我们眼前的变数太大。但最重要的是，人们仍旧还无法决定他们将如何应对我们正在面对的变化。

一些强大的动力正在促使我们去面对即将到来的灾难，但人类依旧有能力适应这些变化，并完全扭转某些似乎已不可逆转的局面。"下一个大事件"将来自于我们作为一个社会将如何应对这些挑战，因此，如果我们一定要为"下一个大事件"选择一个主题，我认为这个主题应该就是可持续性。

在我们讨论成功的"全球可持续性投资"这一主题时，我认为这就是一种有责任感、具有可持续性和潜在盈利能力的投资增长趋势。当然，我想看到人类破坏性行为的结束，但我更想看到可持续性实践的普及，只有这样，在看待未来趋势时，我才能真正认识到一个行业的可持续性如何。

首先，我会观察这个行业的经营模式，以及这个行业及相关公司的盈利状况，然后，像其他优秀投资者一样，寻找拥有一个好的商业模式及成功概率高的公司。当然，我们要研究投资公司的财务报表，但我也要认真考虑它们公司所经营业务对地球环境及人类的影响。

可以想象一下我们的做法，人类已经影响到地球土地面积的75%。这 75% 的地球表面并没有被海水所覆盖，这 75% 的土地面积已经被人类用于种植、开发、耕种或是市郊化，而且绝大部分是在过去 100 年内完成的。

我们须认真思考人类将在未来 100 年里给地球带来怎样的影响。

推行 "社会责任投资"

在过去的 10 年里，随着人们注意到跨国公司采取的歧视性行为以及对劳动力和自然资源的滥用，具有社会责任感的投资正在受到越来越多的重视。人们开始关心他人，继续支持具有良好人力资源政策的企业。

这些社会责任投资通常以那些在人力资源处理方式上符合某种条件的企业为投资对象，或是对涉及工厂化养殖以及烟草生产的企业采取限制性措施。禁止公司在泰国开办 "血汗工厂"。其他禁止投资标准包括滥砍滥伐及其他环境破坏行为。

我对这种做法举双手赞成，因为它们正在创造一种让人类通过投资树立环境意识的局面。但更重要的是，在我们尝试做正确的事情时，不要被任何阻挠和干扰所吓倒。

有些 "社会责任投资" 仅仅针对某些符合特定条件要求的公司，比如说对雇佣制度的监督，但这些公司却有可能在其他方面劣迹斑斑，比如说向当地河流中直接倾倒污染性垃圾或是向大气中排放有毒气体。

我们也有可能发现，一项 "社会责任投资" 的投资企业是一家在环境方面具有高度责任感的企业，但它却在第三世界国家的数千家"血汗工厂"里残酷剥削着当地廉价劳动力。我之所以提出这个问题的原因在于，我们不能简单地假设，一项"社会责任投资"在某个地方富有社会责任感，它就在所有地方富有社会责任感。

作为投资者，除了要寻找那些具有强大资产和有限负债的公司之外，我还需要这个公司符合我的道德评判标准。我不想剥削一个在网球鞋工厂工作了 18 年的工人，但我确实希望他的劳动报酬足以喂饱自己的家庭，所以说，我必须要有所判断和选择。

走出社交网络的牢笼

技术正越来越多地运用于我们的日常生活，这既带来了很多积极效果，也产生了很多消极影响。作为一种社会趋势，我们有必要在这里讨论一下这个问题，从而认识一个行业在整体上是否值得消费者的支持。但是，我想首先需要解决我们对科技手段的过分依赖，因为科技本身就有其阴暗面。

就积极层面而言，技术能让我们做很多事情，能让我们的触角触及世界的各个角落，让我们联系他人，了解更多的未知世界。就其消极层面而言，我们对技术的依赖有时会造成人与人之间的隔阂，它让我们很少再进行面对面的交流。当我们在网络上冲浪或在我们的 Facebook 账户上彼此留言时，人与人的接触也就已经不复存在了。

因此，技术可以帮助我们一同走进现实世界，但代价却是破坏人与人之间以及人与现实世界之间的联系。这才是我的用意所在。

我可以在星期日坐上一晚，在网络上看电影，看着北极熊走过北极苔原。在 200 年后的今天，这段影像资料有可能依旧保存着。技术可以让我们在反光镜里体验世界，而不是借助于我们的第一手感觉。诚然，技术可以让我们以虚拟方式体验现实生活中体验不到的感觉，但它也把我们和这个现实世界隔绝开来。因此，我们需要关闭计算机，走出家门，走进现实世界。

我们依赖技术帮助自己认识现实世界，但这样的依赖性已经让我感到恐惧。它让我们只能偷窥自己脚下的这个星球。它让我们周边构成生态环境的现实灵魂出窍，而不再依附于肉体。在某些方面，我们的偷窥嗜好就像是观看色情电影或是虐待行为，因为它们无不扭曲了人的本性，因此，我们已经不会体味到其中的痛苦。我们正在创造一个让自己的感受和体验不断接受第三方过滤和缓冲的世界，或者说，我们只是在通过计算机或电视节目去认识身边的世界。

我认为人们应该意识到这种隔离的存在性，而且我认为社交网络普及性的提高肯定是对技术造成的这种隔离性所作出的反应。我觉得这是一件好事。我们需要努力恢复我们与地球其他物种以及供养我们的环境之间业已丧失的联络，否则，我们或许会发现，技术会对我们自身产生破坏性影响。

到了那个时候，我们将被隔绝在一个漆黑房子里，只能借助于催眠术般的监视器观看那些曾存在于这个星球上的东西。那将是一场无与伦比的悲剧。看看电影《超世纪谍杀案》（*Soylent Green*），你就会明白我说的话。

发现可持续的"替代能源"

我们已经找到很多非化石燃料提供能源的技术。很多资源具有可恢复性与可循环性。我们已知的这类能源包括太阳能、风能、热能和水能，还有超声波能源、核能及核裂变能量等。人们正在开发藻类及其他生物燃料，建于 20 世纪 70 年代的风力发电厂已开始向附近城市提供电能。

还有很多我们未曾听过的突破性能源技术。例如，我曾在《投资者商业日报》（*Investor's Business Daily*）上看过一篇文章，介绍了一种由中国最新开发的能源设备。这些发电量较小的微型发电机组适于直接为家庭供电。这同样属于"中国制造"并出口世界各地的产品。但我不在乎。只要它有利于保护地球，我就支持并使用它。我们唯一关心的就是中国的环境模式：他们在生产这种发电机组过程中造成的破坏是不是多于它所能带来的好处。我必须用自己的价值观和道德准绳来判断。中国人并不糊涂，他们不会生产任何没有市场需求的产品。

作为消费者，我们必须把寻找替代性能源作为我们义不容辞的使命。我们必须发动平民运动，去探索这种替代性能源，并要求政府给予资金赞助、税收优惠或是宣传。我们必须形成对这种非化石类燃料的真正需求，只有这样，企业才能感受到压力和动力，才能与我们产生共鸣。与此同时，我们还可以推动成本更低、效率更高的碳捕获技术，并保证这些技术能为制造商所接受并采纳。

我们需要借助于投资这些技术作为对创新的鼓励和支持。例如，目前已有更多的风力发电厂正在建设之中，我们还可以探索一下它的周边行业，比如说从事机组设计和安装的企业、风力发电厂建设所需材料的供应商以及将电能输送到目的地的电网企业。

请记住，对任何投资决策而言，最重要的一个部分就是前期调研。务必要对这些替代性能源的正负影响睁大眼睛。例如，在加利福尼亚州，一些大型风力发电厂已干扰了蝙蝠的正常迁徙，并导致蝙蝠种群数量的减少。在蒙大拿州，天鹅受到风力发电的严重影响。因此，我们在真正做出投资之前，必须充分认识每一个行业的利弊。

改革汽车与交通运输业

就汽车和运输业而言，人们追求的目标是汽车自重越来越轻，尺寸越来越小。我们已经看到，石墨合成物已开始应用于汽车车体的制造。这种新型材料重量轻，强度大，因而适应于多种设计。如果继续维持这种趋势，我们完全可以预期，市场将出现以生产这种化合物为主营业务的企业。

除了越来越小和越来越轻的汽车之外，我们还看到使用非汽油类燃料的汽车正在大量出现。迄今为止，我所见过的大多数此类汽车均以电力为动力，但电力最终也是要另有出处的。我们已经提到针对氢电池及其他能源的异议。太阳能将成为一种前途光明的替代性能源，或许整个汽车表面都可以采用太阳能吸收材料。我不知道这个行业将走向何处，但至少内燃机注定要退出历史舞台。

我们或许会看到更多轻轨以及有轨运输工具的使用，在这种情况下，我们完全可以预期，提供原始能源、机组制造、系统安装及维护等周边行业的企业将应运而生并快速增长。

我们或许还可以看到新一代脱离地面或是在地下行驶的运输工具。谁知道会发展到什么程度呢？我们或许还应该强调一下反重力技术，有一天，或许我们的天空会满是私人飞行器，载着人们逛商场、回家或是外出旅行。

摆脱石油依赖症

我们必须终止对石油产品的严重依赖，我们今天所看到的石油行业已经走上衰亡之路。从我们开始钻井那一刻起，直到让最后一滴油流进我们的汽车油箱为止，石油都在损害着我们的环境。

美国沿海树立着 619 座石油钻井平台。仅仅在去年，我们就从海湾里捞走了 5.6 亿桶原油。在短期内，我们当然喜欢油箱里永不缺油的感觉，这样，我们就随心所欲，马上赶到我们最想去的商场。但是在长期内，石油公司根本就不知道他们将来能不能封住这些海下钻油孔。即便是假设他们能做到这一点，但地震依旧有可能震开这些出油孔，墨西哥湾的漏油事件完全有可能在世界的另一个地方重演。

看看，谈起石油的故事，我们总是找不到令人快乐的话题，当然也没有快乐的结局。我们对化石类燃料无休无止的依赖，让我们把大量二氧化碳排进空气，让海水中的二氧化氮达到饱和，以至于海水严重酸化，让海洋无力承载水下甚至整个地球表面的生命。在较长时期内，我们将看到某些水中生物的绝种，而存活的野生物也将面临下一次井喷的威胁，这就如同曾经灭绝的恐龙重新复活，再度成为整个星球的主宰者。而只有石油钻井公司才能成为这个恐龙。

就在不断耗尽这个星球上优先的石油资源时，我们却能想象到，石油公司必将会对我们的努力做出激烈阻挠，甚至会变本加厉。他们会以市场需求为借口，声称他们只是在生产市场需求的产品而已。他们会以维护采油行业、全部输油企业以及加工厂的就业为自己辩护。短期内，他们会继续维持全球范围内的钻井业务，并不惜一切代价地指派说客，说服政府为他们撑腰。

削弱石油行业的唯一出路就是不再使用石油产品。而实现这个目标的最佳出路，则是以更具可持续的能源摆脱我们目前对石油的严重依赖。

阴险恶毒的石化行业

石油化工及石油的衍生品就是他们一手造就的野兽。这些化学物质与化合物威力无穷，令人恐怖，以至于它们可以渗透到我们能看到的每一个角落，从地板块到计算机，再到合成纤维，从香皂到化妆品，再到药瓶，它们无处不在。排放到周围环境中的这些化学物质越多，人们发明的合成物越多，它们对细胞及 DNA 复制过程中的化学变化的影响就越大。

这些化学物质并不是静态的，它们会与环境相互作用。隐藏在包装物中的化学成分可以渗透到我们吃的食物、呼吸的空气以及我们的皮肤中。人们已经发现，双酚 A 是造成这种破坏性作用的罪魁祸首之一，并且已经在美国的多个州被禁止使用。它们在星球上应该被彻底禁止使用！

循环的神奇世界

使用再生资源是促进我们环境福利的一个重要因素。积极推进再生资源也是尊敬我们家园和环境的重要表现。尽管我们西方人创造了数以吨计的不可循环垃圾，但是在花钱把这些垃圾拖走之后，我们却丝毫没有注意到它们的存在。不妨设想一下，假如你的一生都生活在方圆 1 公顷的土地上，并且让垃圾永远堆放在你的身边，伴你一生，那会是怎样的一种感觉呢？

你总会有废弃的汽车、旧轮胎或是废旧的换油器，家里也会出现空啤酒罐或是蚕豆盒，还有用过的泡沫杯和装蚕豆的包装盒，甚至没用的塑料水瓶和塑料包装袋也可能出现。你的家里总会有废旧家用电器、浇花用的旧水管、穿破的鞋子和烘面包箱，你让垃圾堆满自己的领地。

这其中的每一件东西在当初的生产过程中都曾耗费劳力和资源。有些资源或许是可循环的，但大多数不具有再生性。我们必须学会尊重我们所抛弃的每一件东西中所包含的自然资源。我们必须养成修复和再利用一切可再生资源的习惯，而不是简单地把它们扔掉。我们必须通过有意识的要求或安排，尽可能地使用可再生材料。你可以让快餐厅改换可再生的纸杯，而不是使用泡沫杯。

我们中的很多人已经习惯于把购物时得到的包装袋送回商场，但我们还要更多地去关注商品的包装方式。我们必须以规则的方式要求包装业采用可再生包装材料。

所有这些针对材料循环利用而做出的决策和行为，最终都将表现为对资源需求的减少。最重要的是，它们可以向包装企业、生产商以及不可再生产品的使用者传递一个讯息。这个讯息就是：市场将因消费者对市场需求的主宰而动，并不会因供应商对供给的操纵而变。我们在态度和思想上的变化必将为循环再生行业提供更强有力的舞台。

正确教育我们的孩子

作为三个小女孩的父亲，我引以为豪。她们经常做一些近乎疯狂的事情，因为她们是孩子，所以，她们会经常打破东西。有一次，她们弄坏了卧室里的百叶窗，于是，我不得不到家居装修商店买一套新百叶窗。在商店里，我四处寻找帮手，我看到至少7个穿着商店围裙的工作人员，但却没有一个人走过来帮我。最后，我只好用最原始的方式吸引他们的注意力，因为我是顾客。

因为我经常感到自己承受着一种压力，促使我与周围的人一起分享自己的观点，因此，我会让他们知道，如果不是像我这样的人来到他们的门前，他们就不会有工作，如果他们再多一点帮助顾客的激情，他们就会更富有，因为是我们把钱放进他们的腰包。我不知道这是否有用，但我经常感到有足够的动力去唤醒人们。有的时候，我就是这样和别人说话的。

我告诉他们我的百叶窗坏了，随后他们向我展示了自己的产品，还告诉我，要更换这个百叶窗需要花费45美元。在讨论我的情况时，我逐渐开始明白，把百叶窗支撑在弹簧上并拉起百叶窗所采用的唯一物品就是胶水。你知道这是什么意思嘛？这意味着我只需要买一些胶水即可。于是，我花3美元买了一些胶水，回到家之后，把原来的旧百叶窗粘到一起。

我们为什么没有花45美元买一套新的百叶窗呢？因为那样做我就要扔掉原来的旧百叶窗，这就产生了一份多余的垃圾。于是，公司就要砍掉更多的树木，制成纸箱来包装新的百叶窗。此外，他们还要从地下挖出更多的金属矿，用来制作安装百叶窗所需要的弹簧和金属部件。他们还要加工更多的石油产品，用来制作粘接百叶窗的胶水。

我会反问自己："哪种情况对世界更好呢？抑或说对我的家庭、我们共同居住的地球还有我们的孩子而言到底哪个更好呢？"

于是，我选择购买胶水（当然，胶水也需要加工某种资源而获得），但是现在，我还可以用这些胶水修理其他可能需要耗费更多资源并最终变成废物的东西。这是一个负责任的解决方案，而且它只花了我 3 美元，我当然愿意这样做。我向孩子们展示自己动手的技巧，我还教她们爱护和关心身边的每一件东西。

这就是我想探讨的资源决策。它要求我们在社会行为上作出微妙但却意义重大的转变。这种转变最终将影响到我们人类与地球之间的平衡。也正是这种社会变革，最终将营造出一个必将发展壮大大的趋势。

代价高昂的包装业

我们的包装业与再生材料业都需要进行深刻反省。我们为什么不能使用可降解的植物纤维制作包装材料呢？至少也应该使用可再生资料啊！

在过去的 100 年里，我们已经砍倒了美国 97% 的树木。我们把这些树木用于建筑，当做燃料，制作纸张和纸箱，而且这还是在我们已经砍倒欧洲所有树木之后的事情，加勒比海地区也面临着同样情况。我们对这种资源难以抑制的贪婪完全是一种不可持续的行为，我们几乎耗尽了上帝赋予我们的所有木材。

森林是一种财富，清澈的溪流是一种财富，清洁的海洋也是一种财富。雄鹰掠过云端向正在溪流中产卵的鲑鱼俯冲时，同样是值得我们珍爱的财富，这些财富显然比我们享受一顿丰盛晚餐带来的快乐更有价值。

目前，循环经济还尚未形成潮流，因为提取新资源显然要比回收再生的成本便宜得多，但我们必须强调和鼓励旨在降低再生成本、扩大再生技术利用的技术，因此，我们不能再把所有资源一股脑地变成一无是处的废物。

保护蓄水层

我们已经谈论过地下蓄水层如何破坏我们的水供给。就在本书付诸印刷之时，美国 45% 的饮用水均已陷入这一过程带来的风险中。而令人感到真正愚蠢的事情就是，天然气价格在过去两年内处于持续下跌态势。这是因为，在美国，45 个油气井生产出来的天然气正在源源不断地流进这个原已饱和的市场，因此，天然气当然会下跌，而那些钻井公司的股票价格自然也要随之而落。我认为，生产这么多的天然气根本就没有任何经济意义。它仅仅让我们付出了高昂的环境成本。我们正在丧失我们的地下蓄水层，但却一无所获。

如果你想更多地了解这个过程，不妨看看约什·福克斯（Josh Fox）的《油气田》（*Gasland*）一书，该书针对这个问题提供了很多有参考价值的资料。

我们必须要求政府和企业立即停止这样的做法。我们必须给对这种做法听之任之的政客们施加压力，让他们放弃这样的生财之道。我们可以给他们写信，发起一场电子邮件运动，用你的愤怒淹没他们。我们应该要求他们废弃开放公共绿地的做法，彻底叫停这种绝对不可恢复与不可持续的做法。

关闭部分医药公司

我们已经探讨过人类的过度用药问题，并说明医药公司是怎样变成营销企业的，而不再是专做医药的专业公司。因此，你可以像对待电话营销公司那样对待这些医药公司，让其关门大吉，决不购买他们出售的任何商品。此外，你还应该打破用药品治疗所有症状的习惯，通过提高饮食质量和睡眠质量，并加强体育锻炼，关注幸福，改善你的健康状况，而不是沉迷于你的症状而不能自拔。

在这里，我并不是说可以对症状视而不见。它毕竟是身体在告诉你，你体内的某种均衡已经丧失，它需要引起你的注意。我想说的是，在仅仅只是体内某种循环失衡时，不要盲目听从医药公司告诉你的话。

让你的计划付诸实践

我们已经对于预测的诸多趋势进行了讨论，以及我为什么会认为这些趋势将影响我们的社会和经济。我们还探讨了如何让自己的财产实现保值增值，以及如何保护你业已积累起来的财富。对于这些问题，我建议投资策略应尽可能顺应并充分利用我们所预测到的经济发展趋势。

那么，你现在应该怎样做呢？**那就是把你的投资计划付诸实践。**

今天，我们的美元已经不再稳健，以强势美元为基础的投资策略已经不合时宜。我们目前需要做的，就是首先要关注如何维护手头现有美元的购买力。然后，你还要把握即将到来的社会经济趋势，增加手里的美元。

在第六章里，我曾提过自己的一段经历。我曾告诉大家，我自己是怎么在 2000 年以及 2007~2008 年先后两次预测到市场的最高点，以及为什么没有人愿意听从我对市场已经达到转折点的论断。有些人确实听信了我的告诫，但大多人还是对我的建议嗤之以鼻。

在这些不可预测的时刻，最重要的就是读懂市场每天都在说些什么，而不仅仅是一门心思进行碰运气式的交易。我们必须保持足够的灵活性和弹性，对可能预见潜在趋势的任何变化采取开放式态度，顺应潮流，接受变化。正如我在前面所提到的，在市场里，最根本的策略就是在你还能卖掉的时候抛出，不要在不得不卖出的时候抛出。

我希望人们应开始关注市场真正向我们发出的信号，而不要因为读错市场讯息而受损。我个人的交易历史已经验证了我依据社会行为变化而识别投资趋势的能力，我还培训了一批专门从事这种投资策略的同事。

你还可以这样试试

要开设达蒙·维克斯公司（Damon Vickers & Company）账户，你可以登录我的个人网站 www.damonvickers.com，或是拨打电话 800-553-0553。如果你决定将现有账户转移到达蒙·维克斯公司，你可以在我的个人网站上直接下载相应表格（www.damonvickers.com/forms）。在登录本网站时，请转至 www.damonvickers.com/TheCrashDollar，免费下载与本书相关的专业研究报告。

下一站，变革

在本书里，我阐述了我们应如何改善人类在这个星球上的生活状态，探讨了我所定义的毁灭性行业如何为追求利润，满足他们的贪婪和欲望而巧取豪夺，并把他们对这个星球应该承担的责任置之脑后等种种做法。至于你应该如何对待这种状况，那完全取决于你的选择。

你或许可以创建一个倡导组织，或者发起一场措词强硬的书信运动。你还可以选择一位积极进取的政治领导者对这些行业发起讨伐。当然，你可以选择什么也不做，但这显然是一种耻辱。

不过，所有这些行为都只是在无限接近我们心目中的水晶球。所有这一切还都只是猜测，因为再过一个星期，我们的地球或许就与彗星碰撞，朝鲜或许就决定以核武器打击俄亥俄州的托莱多。我们或许会看到全球股市集体崩盘，一种全新的货币公开上市。禽流感或许会消灭 7/8 的世界总人口。我们或许会变异成一种两栖动物。那时，我们的当务之急就是如何在已经变酸的海洋中生存下去，或者天外来客降临地球并告诉我们"游戏结束了"。

2010 年，我们正在目睹一场全球变革的开始，这场变革在此前几千年甚至更长时间内都是绝无仅有的。我不得不认为，我们正处在一场巨变的边缘，这场变革给地球带来的撞击就如同几千万年前消灭恐龙的那场灾难，它将彻底改变整个人类和地球的未来。我们不可能清晰感受那是多么长的一段时间，总之，那是很久很久以前的事情。

在我的内心深处，我坚信，我们在今天所作出的每一个选择和采取的每一个行动，都将搬走大山，改变河流，而你们在此时此刻所作出的每一个选择，都将决定着我们共同的未来，实现我们所期待的变化，就是你我共同的使命。

我不知道你是否看过夜里的萤火虫，看着他们一只只地亮起来，直到整个夜空被它们照得如同一个巨大的天幕或是百老汇一样。你也可以看看小鸟，你是否注意到，一只鸟儿改变方向，整个鸟群都紧随其后。或是麋鹿群，集体的方向完全取决于领头麋鹿的选择。

我们必须心甘情愿地担当这个领头羊和开路先锋。我们需要以身作则，独立思考、计划和行动，用自己的言行给他人指明方向。

我们必须甘愿为了引领羊群而去承担风险。

一切从你开始。

一切将因你而变，不要犹豫，现在就出发吧。

致 谢

　　我首先想感谢我的妻子路易莎（Luiza）多年以来对我的一贯支持，更重要的是，她送给我三个心爱的女儿，她们让我体会到这个世界的美好，她们就是我的世界。

　　我还要特别感谢我的编辑、研究员兼同事莱斯利·范温克尔（Leslie van Winkle），她把我头脑里零散的思绪汇聚到一起，让我的思路不断清晰。没有她也就没有这本书的面世。

　　此外，我还要感谢卡罗琳·费尔南德斯（Caroline Fernandes）为本书进行了大量的研究工作。

中资海派出品

中资出版全球智库　　为精英阅读而努力

超级大国遭逢穷酸年代
未来十年美国何去何从

美国统领世界的时代正在走到尽头。自第二次世界大战到目前的这 70 年时间里，经济制约从未像今天这样让美国捉襟见肘。金融危机之后，一切遭逢大变。飞速膨胀的财政预算，各类民生保障的权益计划，都将迫使美国在国际舞台上的表现更加低调和谦逊。这一变化将给美国乃至全世界的方方面面带来重大影响。

如何应对这个内忧外困的新穷酸时代？美国顶级外交政策专家曼德尔鲍姆介绍了美国在新形势下需要撇弃的某些外交政策，并对来自中国、俄罗斯及伊朗的威胁进行了评价，提出了一种以降低美国对进口石油依赖性为核心的政策建议，以此，让美国安全度过未来十年的穷酸时期，重新演绎他们在 20 世纪所取得的巨大成功。

《世界是平的》作者、《纽约时报》专栏作家

托马斯·弗里德曼

鼎力推荐

极端波动性市场的投资风险防范
如何在难以预知的市场中
作出正确投资

房利美股票价格在短短 2 年中，从 50 美元跌到不足 1 美元，作者通过什么手段成功避免了这场投资灾难？

为什么拥有上佳分析师、专有数据和模型的大公司，在预见 Coutrywide 股票价格走势上错得如此离谱？

万事达卡公司股票价格在 12 个月内上涨了 300%，但通过期权计算出来的隐含波动性却不高于 30%，其中潜藏着哪些巨大的风险？

他凭什么将美国运通的评级下调至"减持"，而将万事达卡调至"增持"，并且成功预测到万事达的盈利达到市场预期的最高值？

蒙特卡洛模型为什么也挽救不了房利美和房地美的命运？

（美）肯尼斯·波斯纳　著
李凤阳　译

ISBN：978-7-5507-0296-7
定　价：38.00 元

一名大摩首席分析师的自白
如何避免 4 个月内投资损失 96% 的
黑天鹅悲剧发生在你的身上！

预测未来 100 年不易
预测未来 10 年更难

★ 国际风云诡谲，未来 10 年大国政治板块将如何碰撞？

★ 欧盟脆弱的政治生态，无法把欧洲拧成一股，欧盟能否阻止美国的霸权步伐？

★ 南亚失衡，支持巴基斯坦，遏制印度海洋力量，是否是美国唯一的选择？

★ 中东乱局何去何从？美国将如何维持各种势力的均衡：疏远以色列还是亲近伊朗？

大事件造就未来 100 年
大人物决定未来 10 年

东亚：中国崛起多掣肘，日本才是美国对手
非洲：新的民族国家将浴火而生
欧洲：扶植波兰，离间俄德，美国别无选择
中东：美国向昔日仇怨伊朗抛出橄榄枝

（美）乔治·弗里德曼　著

王祖宁　刘寅龙　译

ISBN：978-7-5507-0095-6
定　价：36.80元

亚马逊政治类畅销书 NO.1
《未来 100 年大预言》姊妹篇

《纽约时报》★《华盛顿时报》
《纽约观察家》★《新闻周刊》
《巴伦周刊》★《弗林特日报》
《出版商周刊》★《书目》
热烈追捧

未来 10 年
谁将实现雄霸梦

纵观群雄争霸梦　细说各国大运程

预测世界未来百年兴衰史
早知一步胜读十年历史书

当代美国的《推背图》，一本在手你也可对隆中

耸人听闻但让人警觉的战略大预言

◎ 2020 年：虎图腾下的中国能否崛起？
◎ 2050 年：美土波日新列强打响第三次世界大战
◎ 2080 年：太空电站向地球供电
◎ 2100 年：墨西哥挑战美国强权地位

　　别以为你在看科幻小说，这些惊人之语皆来自乔治·弗里德曼这本让人期待已久的新书。这位预言大师把目光投向遥远的未来 为 21 世纪世界即将发生的巨变勾画出一幅清晰的图景和可读性极强的百年预言。

　　未来战争在哪儿打、为何打、如何打、哪些国家将获得和失去经济和政治权力，地缘政治、科技、人口、文化以及军事等方面的主要趋势如何改变我们在新世纪的生活方式，只有他能说得清楚。

　　本书绝非迎合猎奇心理的娱乐书籍，弗里德曼以多年研究的报告成果。绵延几百年的历史纵深和宽广的地缘战略视野。在我们面前徐徐展开未来 100 年让人尖叫迭起的画卷。

未来100年大预言
21 世纪
各国大派位

George Friedman
（美）乔治·弗里德曼　著

魏宗雷　杰宁娜　译

ISBN：978-7-80747-745-7
定　价：35.00 元

美国"影子·中情局局长"

全球首屈一指战略预测公司
STRATFOR 总裁
《纽约时报》、《华盛顿邮报》、
CNN 等权威媒体争相报道的
战略预测专家
国际畅销书作家

即便没有魔法水晶球，你也可以预知未来！

中资海派出品

中资出版全球智库　为精英阅读而努力

写给迷茫却不服输的你
写给想要主宰自己人生的你

本书的前身是克里斯在网上发表的宣言《主宰世界简易指南》，该宣言在发表的前 6 个月就吸引了全球 60 个国家 10 万读者的关注。

克里斯向日常生活和工作中人们习以为常的传统观念发出了公然挑战，通过创造性自主创业、设定极端目标、另类环球旅行等各种非传统观念，告诉你如何拥抱充满挑战的精彩人生，活出不一样的自己。你还能从书中的传奇故事获得启发与灵感，从而设计自己主宰世界的计划，让这个世界变得更加美好。

（美）克里斯·吉尔博　著
王祖宁　译

ISBN：978-7-5507-0293-6
定　价：29.80 元

不要再束缚于那些条条框框了
你值得拥有一个更加美好的人生

赛斯·高汀（畅销书《紫牛》作者）

这是一本真挚、坦率、甚至让人有些不寒而栗的著作。我希望你有勇气听完克里斯的话，不要让自己成为他所警告的那些猴子之一。

古典（畅销书《拆掉思维的墙》作者，新精英生涯总裁）

如果你想要建立自己的生活原则，建造一个你热爱的生活大厦，《超越框住的人生》就是一个详细的建筑蓝图和操作手册。

丰富而经典的谈判大师手记
真实而有影响力的案例剖析

谈判大师罗杰·道森通过独创的优势谈判技巧，教会你如何在谈判桌前取胜，更教会你如何在谈判结束后让对方感觉到是他赢得了这场谈判，而不是他吃亏了。

无论你的谈判对手是房地产经纪人、汽车销售商、保险经纪人，还是家人、朋友、生意伙伴、上司，你都能通过优势谈判技巧成功地赢得谈判，并且赢得对方的好感。

你手上的这本书是由国际首席商业谈判大师罗杰·道森集30年的成功谈判经验著述而成，书中有详细的指导、生动而真实的案例、权威的大师手记和实用的建议，为你提供走上富足人生的优势指南。

（美）罗杰·道森　著
刘祥亚　译

ISBN：978-7-5507-0294-3
定　价：68.00元

比尔·克林顿（美国前总统）

罗杰·道森是我合作过的最有才华的伙伴，睿智、机敏、精力充沛……他的那些中肯建议，对我来说，是不可或缺的精神力量。

唐纳德·特朗普（美国地产界传奇人物）

道森是我见过的少数几个天才人物之一。他影响了美国的商业进程，改变了无数企业的命运。他勤奋、卓越、孜孜不倦地帮助企业训练人才，在这方面，他无疑是整个业界的旗帜。

短信查询正版图书及中奖办法

A．电话查询
    1．揭开防伪标签获取密码，用手机或座机拨打4006608315；
    2．听到语音提示后，输入标识物上的20位密码；
    3．语言提示：您所购买的产品是中资海派商务管理(深圳)有限公司出品的正版图书。

B．手机短信查询方法(移动收费0.2元/次，联通收费0.3元/次)
    1．揭开防伪标签，露出标签下20位密码，输入标识物上的20位密码，确认发送；
    2．发送至958879(8)08，得到版权信息。

C．互联网查询方法
    1．揭开防伪标签，露出标签下20位密码；
    2．登录www.Nb315.com；
    3．进入"查询服务""防伪标查询"；
    4．输入20位密码，得到版权信息。

中奖者请将20位密码以及中奖人姓名、身份证号码、电话、收件人地址和邮编E-mail至 szmiss@126.com，或传真至0755-25970309。

一等奖：168.00元人民币(现金)；
二等奖：图书一册；
三等奖：本公司图书6折优惠邮购资格。
再次谢谢您惠顾本公司产品。本活动解释权归本公司所有。

读者服务信箱

感谢的话

谢谢您购买本书！顺便提醒您如何使用ihappy书系：
◆ 全书先看一遍，对全书的内容留下概念。
◆ 再看第二遍，用寻宝的方式，选择您关心的章节仔细地阅读，将"法宝"谨记于心。
◆ 将书中的方法与您现有的工作、生活作比较，再融合您的经验，理出您最适用的方法。
◆ 新方法的导入使用要有决心，事先做好计划及准备。
◆ 经常查阅本书，并与您的生活、工作相结合，自然有机会成为一个"成功者"。

优惠订购						
	订 阅 人		部　门		单位名称	
	地　　址					
	电　　话			传　真		
	电子邮箱		公司网址		邮　编	
	订购书目					
	付款方式	邮局汇款	中资海派商务管理(深圳)有限公司 中国深圳银湖路中国脑库A栋四楼　　　　　邮编：518029			
		银行电汇或转账	户　名：中资海派商务管理(深圳)有限公司 开户行：招行深圳科苑支行 账　号：81 5781 4257 1000 1 交行太平洋卡户名：桂林　　卡号：6014 2836 3110 4770 8			
	附注	1．请将订阅单连同汇款单影印件传真或邮寄，以凭办理。 2．订阅单请用正楷填写清楚，以便以最快方式送达。 3．咨询热线：0755-25970306转158、168　传　真：0755-25970309 E-mail: szmiss@126.com				

→利用本订购单订购一律享受9折特价优惠。
→团购30本以上8.5折优惠。